O QUE É UMA REVOLUÇÃO?
*Da Revolução Russa de 1917
à revolução em nossos tempos*

ÁLVARO GARCÍA LINERA

O QUE É UMA REVOLUÇÃO?
Da Revolução Russa de 1917
à revolução em nossos tempos

1ª edição

EXPRESSÃO POPULAR

São Paulo – 2018

Copyright © 2018 by Editora Expressão Popular

Título original: *¿ Que es una revolución? De la Revolución Rusa de 1917 a la revolución en nuestros tiempos*

Revisão: *Lia Urbini e Miguel Yoshida*

Projeto gráfico e diagramação: *ZAP Design*

Impressão e acabamento: *Cromosete*

Tradução: *Maria Almeida*

Arte da capa: *Felipe Canova*

Dados Internacionais de Catalogação-na-Publicação (CIP)

L754q — Linera, Álvaro García
O que é uma revolução? Da Revolução Russa de 1917 à revolução de nossos tempos. / Álvaro García Linera.—1.ed.—São Paulo : Expressão Popular, 2018.
128 p.

Indexado em GeoDados - http://www.geodados.uem.br.
ISBN 978-85-7743-335-3

1. Revolução Russa (1917). 2. Revolução Soviética.
I. Título.

CDD 972.85

Catalogação na Publicação: Eliane M. S. Jovanovich CRB 9/1250

Todos os direitos reservados.
Nenhuma parte deste livro pode ser utilizada
ou reproduzida sem a autorização da editora.

1ª edição: agosto de 2018
1ª reimpressão: março de 2022

Rua Abolição, 197 – Bela Vista
CEP 01319-010 – São Paulo – SP
Tel: (11) 3112-0941 / 3105-9500
livraria@expressaopopular.com.br
www.expressaopopular.com.br
🄵 ed.expressaopopular
🄾 editoraexpressaopopular

SUMÁRIO

Nota editorial 7

Apresentação à edição brasileira 9

A revelação: a Revolução Soviética de 1917 23

A revolução como *momento plebeu* 27
    O significado da Revolução Russa 32
    As contradições aparentes da revolução 45

Revolução e socialismo 73
    O socialismo não é a estatização dos meios de produção ... 84
    A base material da continuidade
    revolucionária: a economia 98

Referências bibliográficas 125

NOTA EDITORIAL

A análise do processo e do legado da Revolução Russa de outubro de 1917 feita por Álvaro García Linera neste livro se baseia em diversas referências bibliográficas, arroladas ao fim deste volume, que comparecem ao longo do texto, tanto em citações como em remissões. Procuramos, sempre que possível, citar edições em língua portuguesa – brasileiras ou portuguesas – com o intuito de facilitar ao leitor o acesso à literatura utilizada. Mantivemos, as referências no original espanhol nas ocasiões em que não encontramos correspondentes em nossa língua. As referências bibliográficas, ao fim deste livro, foram mantidas conforme o original espanhol.

Os editores

APRESENTAÇÃO À EDIÇÃO BRASILEIRA

Álvaro García Linera é um dos autores latino-americanos mais ativos nesses anos do novo século; ele funde em uma síntese cotidiana três faces de sua atuação política: intelectual marxista, dirigente político e governante. Com uma vasta produção intelectual que conta livros, artigos e aulas, suas principais preocupações teóricas giram em torno do pensamento latino-americano e dos desafios dos povos, particularmente dos indígenas. Seguindo a mesma trilha de intelectuais como José Carlos Mariátegui, cujo marxismo não desconsidera as particularidades da América Latina como a questão indígena, por exemplo, García Linera procura interpretar a realidade boliviana a partir da teoria social de Marx e do legado político e histórico deixado por ele. Tal perspectiva se constrói a partir de sua inserção, desde os tempos de juventude, nos processos de luta e resistência popular na Bolívia, buscando no estudo do pensamento clássico as ferramentas e os referenciais para compreendê-los.

Nascido em 1962, em Cochabamba, região com grande presença indígena, ainda pequeno se muda para La Paz com os irmãos. Os anos 1970 são marcados, na Bolívia e no restante da América Latina, pelas ditaduras civil-militares financiadas e apoiadas pelos EUA. Em agosto de 1971, o general Hugo Banzer comanda um golpe que dissolve a Assembleia Popular e instaura um regime de exceção que dura até 1978. Depois disso, há uma instabilidade política, com alguns traços de abertura democrática, que se prolonga até meados dos anos 1980. É nesse contexto que García Linera tem suas primeiras atividades políticas em oposição à ditadura e se inicia também nas leituras marxistas. Porém, algo que será um "divisor de águas" em sua formação é o movimento indígena, gestado durante as décadas de 1960-1970 e que ganha repercussão com manifestações como a ocorrida em novembro de 1979, conhecida como "cerco Aymará", que bloqueia as entradas da cidade de La Paz. Para ele emergia ali uma nova forma de organização – e expressão – que apesar de carregar a herança das lutas de operários mineiros da Bolívia não seguia a mesma lógica das organizações de esquerda tradicionais segundo ele: "era o despertar indígena. Tornou-se uma obsessão para mim, compreender o significado daquilo, eu era e até hoje sou um marxista seduzido pela insurgência indígena".[1]

Em 1981, aos dezenove anos, vai ao México estudar Matemática na Universidade Nacional Autônoma do México (Unam) e conhece ali uma grande efusão cultural, um ambiente com um intenso debate político e intelectual. Diferentemente do contexto de ditadura vivido por ele na Bolívia, no México ele tem acesso a uma ampla literatura marxista, o que lhe permite consolidar sua formação nesse campo. Além de tomar contato com autores como A. Gramsci, L. Althusser entre outros, ele se aproxima dos processos de luta armada em curso na América Central: Nicarágua, com o triunfo da revolução sandinista em 1979; e as experiências de El Salvador e Guatemala. A partir destas, ele toma contato com dois aspectos da teoria social marxista, até então, ausentes para ele: o militar, sob a forma de guerrilha, e a questão indígena, tratada

---

[1] Disponível em: <https://www.vicepresidencia.gob.bo/biografia>

pela Unidade Revolucionária Nacional Guatemalteca (URNG) como tema étnico-nacional.

Após concluir sua graduação em matemática, ele retorna à Bolívia, em 1984, e constrói com outros militantes o Exército Guerrilheiro Tupak Katari (EGTK),[2] uma organização política e cultural com um projeto de emancipação das comunidades indígenas, em aliança com o movimento operário e popular organizado, a partir de um levante destas comunidades contra o Estado. A ação dos membros do EGTK se dava tanto no âmbito legal quanto no ilegal. O primeiro consiste em organizar grupos de formação política junto aos trabalhadores das minas, a operários e a indígenas; participar em atividades públicas e massivas como congressos sindicais; construir lutas de resistência contra as políticas neoliberais. Nesse sentido, havia uma grande atividade de propaganda por meio da publicação de panfletos, revistas e livros inspirados pelo marxismo e pelo indigenismo. O aspecto ilegal do trabalho girava em torno da organização do treinamento militar para ações de guerrilha com vistas a organizar a sublevação das comunidades indígenas.

Este trabalho permitiu que ele percorresse diversas comunidades indígenas, camponesas e centros mineiros para discutir os problemas da Bolívia e seus desafios. Participa de atividades públicas nas organizações camponesas e mineras, da elaboração de um pensamento marxista-indigenista em textos, livros, uma estrutura de propaganda política e atividade sindical no campo; realizavam cursos fortalecendo a estrutura sindical, especialmente no altiplano boliviano (centralmente La Paz), ao norte de Potosí e nas zonas camponesas de Sucre.

---

[2] Para maiores informações sobre a história deste movimento, ver entrevista com Álvaro García Linera e Raquel Gutiérrez: La historia del EGTK, pensamiento político de Álvaro García Linera al salir de la cárcel, 1999. Disponível em: <https://www.youtube.com/watch?v=shEWZHpNAwc>

Em 1992, diversos dirigentes do EGTK são presos. García Linera passa cinco anos no presídio de segurança máxima de Chonchocoro sem ter uma sentença, por conta do que é liberado em 1997. Neste período, mergulha no estudo e em uma profunda reflexão sobre a relação entre marxismo e indigenismo; ali escreve o seu livro *Forma valor, forma comunidad*. Ao sair, encontra um quadro de profunda crise econômica, social e política acentuado pelas medidas neoliberais do governo de Gonzalo Sanchez de Lozada; torna--se professor de sociologia da Universidad Mayor de San Andrés (UMSA) onde aprofunda suas reflexões teóricas e políticas sobre a história e as condições dos trabalhadores na Bolívia. Sem deixar de lado a preocupação com a luta ideológica, não se restringe ao ambiente da universidade e procura divulgar suas ideias em diversas mídias – periódicos, programas de televisão etc.

Após a privatização do petróleo, ferrovias, telecomunicações entre outros, em abril de 2000 o governo anuncia a lei de privatização da água; diante disso levanta-se uma resistência popular unitária de indígenas, mineiros, operários e setores médios que impõem uma derrota ao governo e o faz retirar essa questão da pauta, episódio que ficou conhecido como "guerra da água". Essa vitória fortalece os movimentos populares que avançam em seu processo de organização, que tem como um de seus principais resultados a conformação do Movimento ao Socialismo (MAS). Este congregava duas diferentes tradições de luta na Bolívia: a indígena, representada por Evo Morales, então uma das principais lideranças na defesa da tradição do plantio da folha de coca, e militantes que haviam sido presos pela ditadura e se dedicado a uma reflexão teórica em torno do marxismo e do indigenismo, representada entre outros, pelo próprio Álvaro García Linera.

A "guerra do gás" de 2003, desencadeada pela tentativa do governo de vender gás aos Estados Unidos, é outro momento de fortalecimento da organização popular. Diante das medidas neoliberais que levaram o país a uma grave crise econômica e social, as ações de resistência permitem que as forças de esquerda agregadas em torno ao MAS emerjam como alternativa para o povo boliviano.

Em 2005, a chapa encabeçada por Evo Morales na disputa presidencial é vitoriosa, tendo como vice Álvaro García Linera. Inaugura-se com isso um novo período na história da Bolívia, a partir do qual as várias nacionalidades indígenas são reconhecidas; serviços e bens naturais são nacionalizados – o gás, o petróleo, as telecomunicações etc; as condições de vida da população melhoram substantivamente.

García Linera é um dos principais formuladores teóricos das decisões de fundo desse governo, dando, com isso, os primeiros passos para consolidar a Bolívia como um Estado plurinacional, fazendo com que as nações indígenas ocupem uma posição digna de sua história e não mais de subalternidade. Sua atuação como vicepresidente é a expressão de uma das várias faces de sua atuação política, como mencionamos anteriormente: o intelectual, sempre pulsante e vivo, o incansável militante pela construção do Socialismo e o papel de vicepresidente.

Um ousado percurso intelectual e político

Nosso autor, como já mencionamos, segue a mesma trilha de marxistas como José Carlos Mariátegui, filiando-se a uma interpretação criativa dessa teoria social considerando as particularidades das realidades em que vivem para enriquecê-la e levar a cabo uma das principais tarefas que Karl Marx e Friedrich Engels se colocaram em vida e que está sintetizada na 11ª tese sobre Feuerbach: "Os filósofos apenas *interpretaram* o mundo de diferentes maneiras; o que importa é transformá-lo".[3]

Todo o esforço intelectual e político destes dois revolucionários alemães girou em torno de compreender a lógica e a dinâmica de funcionamento da sociedade burguesa; a partir da crítica da Economia Política, a teoria se constitui como a base para a compreensão da sociedade de classes, em seus aspectos econômicos, sociais, políticos e culturais, em uma frase, ela nos traz as bases de compreensão do modo de produção capitalista. Além disso, outra característica decorrente do marxismo é a ação – aliada a reflexão – sobre uma realidade concreta; assim, tal teoria possibilita muitas interpretações que variam desde um rigoroso dogmatismo – cujo principal expoente é o marxismo-leninismo propagado pela URSS –, que o entende como um manual a ser seguido, até as mais abertas que consideram apenas alguns de seus aspectos para propor algo que às vezes nega seus princípios, como autores do chamado pós--modernismo.

A tensão que perpassou esse campo teórico e político, desde Marx e Engels até os nossos dias, está em buscar uma apropriação cuidadosa das formulações clássicas considerando as transformações pelas quais o modo de produção capitalista passou ao longo da história e as particularidades da realidade local, fazendo com que a prática e a ação sejam originais sem perder de vista os seus princípios fundantes. É dizer: a teoria de Marx e Engels não responde por si às questões da política e da revolução de cada país nesses quase 150 anos; cada processo – e cada povo – foi obrigado a buscar a compreensão da sociedade combinando essas bases gerais com as peculiaridades locais.

---

[3] Marx, K., "Teses sobre Feuerbach" *in: A ideologia Alemã*. São Paulo: Expressão Popular, 2009, p. 122.

Esse é um dos desafios – senão o maior deles – na condução da política baseada no marxismo. É reconhecer o método partindo das questões gerais para as questões específicas; é reconhecer os aspectos, dimensões e questões universais com a necessidade de realizar aquilo que Lenin destacou como "análise concreta da situação concreta", ou seja, observar não apenas os traços e características universais da teoria, mas considerar também aquilo que é específico, particular, próprio. Seria possível afirmar que todas as revoluções triunfantes desde a grande revolução de 1917 souberam realizar esse percurso – combinar a dimensão universal e geral do pensamento marxista com a necessária combinação com os traços originais de cada formação econômica e social.

Apesar desse caminho ter sido percorrido por muitas outras referências dessa teoria social com caráter vivo e pulsante na América Latina e no mundo, tal perspectiva de interpretação encontra barreiras principalmente na difusão do marxismo oficial da URSS e do "pacote" de análise da realidade de todo o globo.[4] Um dos seus principais traços era desconsiderar as especificidades dos diferentes países buscando impor um manual para interpretar e agir politicamente, tornando-se por vezes caricato, duro, impermeável aos traços particulares de cada realidade.

Nosso autor traçou um caminho próprio e inspirado numa outra tradição que buscou o estudo do marxismo combinando os aspectos universais com as questões específicas e particulares da realidade. Ele denomina esse marxismo de "Indianismo-Katarismo", levando em conta a história e a tradição boliviana, predominantemente formada por indígenas e camponeses,

---

[4] Leandro Konder em seu livro *A derrota da dialética* faz um recorrido histórico da chegada do marxismo no Brasil e como ele pagou um alto preço ao dogmatismo teórico propagado pela política oficial da URSS.

O QUE É UMA REVOLUÇÃO?

limites nacionais. Ela tem de se espraiar por todo o mundo, trazendo a possibilidade desse novo modo de produção. Segundo o próprio Linera, o processo revolucionário, em termos teóricos, passaria por três momentos distintos: o primeiro de construção de um caldo de cultura progressista, uma alteração no senso comum por meio da batalha das ideias; o segundo em que é necessário derrotar o inimigo de classe, tomando o poder de Estado; o terceiro é o de reconstruir a sociabilidade e as relações sociais, a construção do homem e da mulher novos em uma nova sociedade. Em referência aos teóricos, ele dirá que seria um processo a partir de Gramsci – Lenin – Gramsci.[6] É a partir dessa compreensão que ele analisa a Revolução Russa de 1917 e o seu legado histórico. Nesse sentido, ele reflete sobre as dificuldades enfrentadas por Lenin na consolidação do Estado soviético tanto em termos sociais quanto econômicos. A ação das forças contrarrevolucionárias internas que inauguram uma penosa guerra civil, as limitações técnicas do proletariado russo, bem como o isolamento do poder soviético no plano internacional – lembremos da derrota da revolução alemã em 1919 – são aspectos centrais para o balanço feito por García Linera.

Ao analisar as medidas do governo soviético para a consolidação da revolução, ele enfatiza a necessidade de se considerar o socialismo como um momento de transição – com um Estado proletário – e não como um modo de produção específico. Assim, a sua avaliação desse processo histórico ressalta o trabalho organizativo para a direção das forças sociais para a tomada do poder ao mesmo tempo que demonstra a impossibilidade do desenvolvimento desse novo modo de produção se restringir apenas a um país.

---

[6] Entrevista a Pablo Iglesias no programa *Outra vuelta de Tuerka*. Disponível em: https://www.youtube.com/watch?v=a0mPTnNrovU.

Assim, a lição histórica que podemos tirar desse processo, segundo Linera, é a necessidade e a possibilidade da organização dos de baixo destruir as instituições e mecanismos de dominação estabelecidos e construir novos instrumentos, provisórios, que permitam o desenvolvimento social de um novo modo de produção regido não mais pela exploração de um ser humano por outro, mas sim pelo princípio: "De cada um segundo as suas capacidades, a cada um segundo as suas necessidades!".[7]

Os editores

---

[7] Marx, K., "Crítica ao programa de Gotha" *in: A dialética do trabalho*, vol. I, São Paulo: Expressão Popular, 2013, p. 109.

*Estamos vivendo tempos selvagens. É difícil
para as pessoas de nossa geração adaptar-se
à nova situação. Mas através desta revolução,
nossas vidas serão purificadas e as coisas
melhorarão para os jovens.*

S. Semyonov, primavera de 1917*

---

* Em Figes, O., *La Revolución rusa 1891-1924. La tragedia de un pueblo.* Espanha: Edhasa, 1990. [Há edição em português. *A tragédia de um povo. A revolução russa (1891-1924).* Lisboa: Dom Quixote, 2017.]

A REVELAÇÃO: A REVOLUÇÃO SOVIÉTICA DE 1917

Sua eclosão dividiu o mundo em dois; mais ainda, dividiu o imaginário social sobre o mundo em dois. Por um lado, o mundo existente com suas desigualdades, explorações e injustiças; por outro, um mundo possível, de igualdade, sem exploração, sem injustiças: o socialismo. No entanto, isso não significou a criação de um novo mundo alternativo ao capitalista, mas o surgimento, nas expectativas coletivas dos subalternos do mundo, da crença mobilizadora que era possível alcançá-lo.

A Revolução Soviética de 1917 é o acontecimento político mundial mais importante do século XX, pois muda a história moderna dos Estados, divide em dois e em escala planetária as ideias políticas dominantes, transforma os imaginários sociais dos povos devolvendo-lhes seu papel de sujeitos da história, inova os cenários de guerra e introduz a ideia de uma alternativa (um mundo) possível no curso da humanidade.

Com a Revolução de 1917, o que até então era uma ideia marginal, uma consigna política, uma proposta acadêmica ou uma expectativa guardada na intimidade do mundo operário transformou-se em matéria, em realidade visível, em existência palpável. O impacto da Revolução de Outubro nas crenças mundiais – que são as que, ao fim e ao cabo, contam na hora da ação política – foi similar ao de uma revelação religiosa entre os crentes, a saber, o capitalismo era finito e podia ser substituído por outra sociedade melhor. Isso significa que havia uma opção ao mundo dominante e, portanto, havia esperanças; em outras palavras, havia esse *ponto arquimediano* com o qual os revolucionários se sentiam capazes de mudar o rumo da história mundial.

A Revolução Russa anunciou o nascimento do século XX,[1] não apenas pelo cisma político planetário que engendrou, mas sobretudo pela constituição imaginária de um sentido da história, ou seja, do socialismo como referência moral da plebe moderna em ação. Desse modo, o espírito do século XX foi revelado para todos; e, desde então, adeptos, opositores ou indiferentes terão um lugar no destino da história.

Mas assim como ocorre com toda "revelação", a revelação cognitiva do socialismo como opção factível veio acompanhada por um agente ou entidade canalizadora desse *des-cobrimento*: a revolução.

Revolução se transformará na palavra mais reivindicada e satanizada do século XX. Será desfraldada por seus defensores para referir-se ao iminente ressarcimento dos pobres frente à excessiva opressão vigente; será desqualificada pelos detratores por ser o símbolo da destruição da civilização ocidental; será convocada pelos trabalhadores para anunciar a solução para as catástrofes sociais engendradas pelos burgueses e, à espera de seu nascimento, será usada – ao menos como ameaça – para dinamizar a economia de concessões e tolerância com os capitalistas, o que dará lugar ao Estado de bem-estar. Em

---

[1] Hobsbawm afirma que o "curto século XX" teria se iniciado com a Primeira Guerra Mundial e finalizado com a queda da União Soviética, em 1989. Preferimos falar da Revolução Russa como ponto de início do século porque, diferentemente da Primeira Guerra Mundial, que significou uma nova fase da ininterrupta mutação da geografia estatal continental, os efeitos da revolução polarizaram, como nunca havia acontecido, a luta política em escala mundial. Ver Hobsbawm, E. J., *A era dos extremos*. São Paulo: Companhia das Letras, 1995.

contrapartida, os ideólogos do velho regime lhe atribuirão a causa de todos os males, desde o enfrentamento entre Estados e a dissolução da família até o desnorteamento da juventude. Nos debates filosóficos e teóricos, a revolução será para alguns a antessala de uma nova humanidade por vir, a explosão que desencadeia a criatividade autoconsciente e autodeterminada da sociedade. Por outro lado, para a cúria do velho regime, será a anulação da democracia e a encarnação diabólica das forças das trevas que tentam destruir a liberdade individual. No entanto, longe de vislumbrar uma degeneração do debate, essa derivação religiosa dos argumentos contra ou a favor da revolução reflete o profundo enraizamento social desencadeado pelo antagonismo revolução/contrarrevolução, que chegou, inclusive, a mobilizar as mais íntimas fibras morais da sociedade.

Definitivamente, a revolução (esse fato político-militar das massas que tomam o poder político de assalto, essa insurreição armada que demole o velho Estado e ergue a nova ordem política) será a intermediária privilegiada e portadora de uma opção viável de mundo. E ao redor desse acontecimento será construída toda uma narrativa de produção da história futura, com tal força que será capaz de mobilizar as paixões, sacrifícios e ilusões de mais da metade dos habitantes de todos os continentes.

A partir de 1917, a luta pela revolução, sua preparação, realização e defesa captarão não só o interesse e o empenho de milhões de pessoas, mas também a vontade e predisposição a esforços e sacrifícios poucas vezes antes vistos na história da humanidade. Clandestinidade, carências materiais, torturas, prisões, desterros, desaparecimentos, mutilações e assassinatos se constituirão no custo ilimitado que milhares e milhares de militantes estarão dispostos a pagar para alcançá-la. A sua capacidade de entrega à causa revolucionária será tamanha que

O QUE É UMA REVOLUÇÃO?

a maioria deles suportará cada uma das estações do suplício mesmo sabendo que, muito provavelmente, não serão capazes de desfrutar de sua vitória. E essa entrega com devoção ao sacrifício histórico, com a confiança de que a geração seguinte ou a subsequente possa presenciar o amanhecer humano produzido pela iminente revolução, nos remete à presença de um tipo de "dispêndio" bataillano[2] em torno dela e dos revolucionários; de fato, trata-se da prodigalidade e generosidade do esforço humano mais planetário (geograficamente) e mais universal (moralmente) da história social.

Nos últimos cem anos morreram mais pessoas em nome da revolução do que em nome de qualquer religião, com a diferença de que no caso do sacrifício religioso a entrega se dá em favor do próprio espírito do sacrificado; enquanto que na revolução a imolação é a favor da libertação material de todos os seres humanos, o que faz do fato revolucionário um tipo de produção de comunidade que adianta episodicamente a comunidade universal desejada.

---

[2] Ver Bataille, G., *A parte maldita*. Belo Horizonte: Autêntica, 2013.

A REVOLUÇÃO COMO *MOMENTO PLEBEU*

Em certa medida, a história das sociedades se assemelha ao movimento das placas tectônicas dos continentes. Internamente, debaixo delas, há potentes fluxos de lava incandescente que as colocam em movimento lento, porém contínuo. E ali onde uma massa continental empurra a outra, podem ser observadas fissuras, sismos e terremotos temporários ainda que, em geral, a fisionomia continental e a predominante estabilidade da superfície se mantenham. No entanto, existem momentos da vida terrestre em que as poderosíssimas forças interiores da lava incandescente explodem, rompem a camada externa da terra e brotam intempestivamente como mineral e rocha fundidos que arrasam tudo em sua passagem. Essa matéria em estado ígneo, ardente, transborda pela superfície terráquea como um incontrolável cavalo de fogo puro. Mas à medida que sua força vulcânica esfria, a lava se solidifica e o faz modificando drasticamente a fisionomia da terra, as características dos continentes e a própria topografia da superfície terrestre.

As sociedades também são assim. Na maior parte do tempo se apresentam como uma complexa superfície relativamente tranquila e regulada pelas relações de dominação. Existem conflitos, tensões contínuas e movimento, mas são regularizados e integrados pelas relações de poder prevalecentes. Então, debaixo dessas relações de poder predominantes, há intensos fluxos de forças, lutas de classes, acúmulos culturais internos que são os fogos sociais que dão vida à sociedade, mas que não são visíveis, ou seja, que permanecem subterrâneos ou estão submersos na profundidade das estruturas coletivas nacionalitárias e de classes.

No entanto, existem momentos precisos da história nos quais a superfície externa da sociedade, a camada superior das relações de dominação, racha, estremece. E não faz apenas rachaduras, mas se parte e se estilhaça porque as forças interiores emergem como uma lava vulcânica. Trata-se das lutas sociais e dos movimentos sociais emancipatórios que, rompendo décadas ou séculos de silêncio, se rebelam contra a ordem estabelecida, se reagrupam subterraneamente, vencem dificuldades, temores, represálias, preconceitos e se levantam contra tudo o que existe. É o fogo criador da lava vulcânica, a capacidade criativa da *multidão em ação* que transborda os dispositivos construídos por décadas e séculos de dominação, os arrasa em sua passagem desmontando os dispositivos de mando existentes e impõe a marca de sua presença coletiva como nação, como classe, *como coletividade social em estado de fusão*, ou seja, em estado de democracia absoluta.

Estas explosões vulcânicas de lava social são as revoluções e emergem de baixo, das forças e das capacidades mais profundas tecidas ao longo de muitos anos, que se abrem contra todas as "camadas" de submissão acumuladas no tempo, repentinamente incapazes de deter a insurreição social, sendo portanto ultrapassadas e arrasadas da superfície por um fluxo de iniciativas, vozes e ações coletivas que se sobrepõem a tudo. Trata-se do momento fluido da ação coletiva, o momento em que a sociedade não é superfície nem instituição nem norma: é o fluxo coletivo, criatividade ilimitada das pessoas. O momento em que a sociedade constrói a si mesma, sem externalidades nem substitutos. A revolução é o *momento plebeu* da história, o momento autopoiético se quiserem, no qual a sociedade em seu conjunto se sente com capacidade de autocriar-se e auto-determinar-se.

Enquanto a revolução é vigente, a sociedade é movimento criativo em estado ígneo, ou seja, enquanto suas decisões começam a reificar-se ou a institucionalizar-se, novas iniciativas coletivas se sobrepóem para manter o fluxo coletivo em ação. Seu movimento é similar ao da lava vulcânica que quando esfria começa a se solidificar, ainda que o ímpeto de mais fluxo de lava que continua seu caminho possa voltar a fundi-la. As instituições e relações dominantes são precisamente isso: o resultado de antigas lutas e fluxos sociais em estado ígneo (Marx chama isso de "trabalho vivo"), que com o tempo se estabilizam (esfriam) como relações sociais, instituições, juízos e preconceitos socialmente predominantes. Esse é o momento da solidificação do fluxo social (a isso, Marx chama de "trabalho morto"). A *forma estatal* é fruto de antigas lutas, capacidades e limitações em estado fluido da sociedade que, ao "esfriar", ao "se solidificar", se institucionalizam e deixam, como a marca histórica viva de sua potência e de seus limites, as estruturas estatais e econômicas que regerão e regulamentarão a sociedade sob a forma de relações de poder e dominação durante as décadas seguintes, até uma nova explosão social.

Enquanto a revolução está de pé, é como se todo sólido se tornasse líquido, porque assim que alguma relação social se torna institucionalizada, ela é imediatamente superada por uma nova ação coletiva em fluxo, que volta a sobrepor o "trabalho vivo", o fazer em andamento, sobre o "trabalho morto", das relações sociais solidificadas e, pouco a pouco, alienadas como relações de poder. Só quem viveu uma revolução pode entender o transbordamento humano que ela implica: milhares de ações coletivas que se somam e se sobrepóem umas

O QUE É UMA REVOLUÇÃO?

às outras em meio a um caos criador, originando de maneira imprevisível uma torrente que nem bem chega a encaminhar tudo a um só destino, volta a se interromper para dar lugar a mil novas direções contrapostas; criatividade humana que supera qualquer expectativa anterior; conjunturas políticas que se modificam a cada minuto; associação e fragmentação social que se combinam e se sucedem de maneira impossível anteriormente. É como se o espaço-tempo se comprimisse, e o que antes requeria décadas e extensos territórios, agora se condensa em um só dia e em um mesmo lugar, mas de maneira simultânea em toda a geografia social; como se o universo fosse nascer em cada instante e em cada lugar do país. E, então, correndo o risco de ser tragado pelo redemoinho, é preciso se agarrar para estabelecer uma direção no meio do caos criador, há que se orientar para poder guiar o fluxo desse magma em estado ígneo da ação coletiva.

O *momento plebeu* da sociedade, ou seja, a revolução, é, portanto, a sociedade em estado de *multidão fluida*, auto- -organizada, que assume a si mesma como sujeito de seu próprio destino. É o momento de conhecimento *sobre si*, sobre suas capacidades, possibilidades e até certo ponto seus limites; e, a partir daí, sua projeção como destino, sonho compartilhado, projeto coletivo. Por fim, quando a revolução faz brotar a energia vital contida da sociedade e abre caminho à solidificação das coisas, à institucionalização e à regularidade das relações sociais, o que fica é a correlação de forças do processo revolucionário feita lei e direito coletivo. Por essa razão, embora em comparação com o restante da vida institucional e regular da sociedade, as revoluções durem pouco tempo em sua explosão vital, são elas que, em realidade, modelam e desenham as estruturas sociais e as topografias institucionais.

Assim, como à medida que os vulcões e as grandes explosões (que são, em princípio, lava fluida que se move como montanhas) esfriam e se solidificam, e ao fazê-lo vão esculpindo o novo cenário de cordilheiras, vales e montanhas que caracteriza a superfície por um longo tempo; do mesmo modo, o *momento plebeu*, revolucionário, transborda a ordem estabelecida, as leis e normas do velho regime, dissolve-as ante a força *da multidão em ação* e, depois, passada a crista da onda revolucionária, começa a cristalizar-se nas relações de forças que se manifestam durante o processo, dando lugar à nova ordem social dominante, às novas estruturas sociais. As audácias e retrocessos, os acordos e iniciativas desencadeadas no momento revolucionário, agora se institucionalizam, se legalizam, se materializam e se objetivam como normas, procedimentos, hábitos, julgamentos e senso comum coletivo que deverá regulamentar a vida da sociedade por uma *longue durée* (um longo tempo) até que uma nova explosão revolucionária leve pela frente o que foi construído anteriormente. Essas estruturas sociais constituídas, embora continuem sendo relações e, portanto, fluxos sociais, já não têm nem a velocidade de fluidez nem a volatilidade do momento ígneo da revolução. São relações com *fluidez lenta* e, até certo ponto, regulável e, nesse sentido, em constante processo de solidificação.

Seja como fluidez ígnea ou como solidificação institucional, as revoluções marcam a arquitetura duradoura das sociedades. Se são vitoriosas e conseguem se manter por um longo tempo, ou mesmo quando ficam a meio caminho ou são derrotadas, o que fica como relação social visível, estável e dominante é o que a revolução pôde conseguir, teve que ceder ou abdicar. Esse é, por excelência, o papel criativo que têm todas as revoluções na sociedade. Por isso, não é equivocado apontá-las como momentos fundadores das estruturas sociais duradouras.

O significado da Revolução Russa

Em que consistiu essa revolução que conseguiu capturar o imaginário mais generoso dos pobres e demonstrou que não existem limites possíveis na hora do sacrifício por uma crença? Em geral, e de maneira errônea, a revolução é reduzida à tomada das instalações de governo – nem sequer do Estado – por parte dos revolucionários. E, evidentemente, esse é o momento mais visível, mas não o mais importante nem muito menos o característico de uma revolução. No caso de outubro de 1917, a Revolução Russa ficou registrada com a tomada do Palácio de Inverno do tsar Nicolau II, por parte dos operários, camponeses e soldados armados. Certamente, o fato do povo ocupar militarmente algumas instalações secularmente vedadas à presença dos trabalhadores do país foi um momento épico, mas fica claro que esta imagem imortalizada pelo cineasta Sergei Eisenstein[1] não é a revolução, mas tão somente um dos seus efeitos infinitesimais.

Uma segunda redução da revolução, em termos mais políticos, é a referida ao fato insurrecional, ou seja, ao momento político militar da ação de massas que culmina com a instauração de um novo governo e novas instituições de decisão estatal. No caso de 1917, esse fato se remete à decisão magistralmente tomada por Lenin para desencadear a insurreição, ao debate contra as correntes opositoras e os preparativos militares para desencadear o ato revolucionário.[2] Certamente, aqui se

---

[1] Eisenstein dirigiu o filme "Oktyabr" (Outubro) em 1928, com o qual se consagrou como um importante diretor de cinema em âmbito mundial, no qual são narrados os acontecimentos ocorridos desde fevereiro até outubro de 1917.

[2] Lenin, V. I., *Obras Completas*, t. 18: março de 1912 – novembro de 1912. México: Ediciones Salvador Allende, 1978. Adiante, para fazer referência aos artigos incluídos nesta coleção, será utilizada a abreviação *OC*, seguida do número do tomo correspondente.

condensam intensas correlações de forças sociais, rearranjos de classes sociais e profundos debates teóricos sobre o poder, o Estado, as vias da revolução etc. No entanto, o fato de um partido político considerar seriamente a tomada do poder pela via insurrecional não é um acontecimento assumido intempestivamente. No caso russo, por que os bolcheviques e não outro partido? Por que em outubro e não em outro mês ou ano? Por que através de uma insurreição armada e não de eleições? Porque anteriormente foi necessário um desenvolvimento sem precedentes das lutas de classes para trazer à tona as "contradições que foram amadurecendo ao longo de décadas e até séculos";[3] foi necessária a emergência de uma predisposição social, uma radicalização coletiva das classes subalternas para que milhões[4] fossem lançados às ruas, às assembleias e aos debates públicos sobre o destino comum da sociedade. Foi necessário que a própria sociedade criasse, por experiência própria, formas organizativas territoriais, os sovietes, que tomassem em suas mãos a deliberação e controle dos assuntos comuns, que de fato criaram uma dualidade de poderes efetiva, sobre a qual os bolcheviques não fizeram mais que propor sua realização em escala nacional. E, claro, também foi necessário, anteriormente, um longo e paciente trabalho de influência, presença e liderança política e moral dos bolcheviques nas classes sociais trabalhadoras, especialmente operários, que permitisse que suas bandeiras e ações não só encontrassem o respaldo das classes trabalhadoras já insurgidas, mas, sobretudo, que fossem assu-

---

[3] Lenin, V. I., "Jornadas revolucionárias" (31 de janeiro de 1905), em *OC*, t. 8, p. 100.

[4] "... o sintoma de toda revolução verdadeira é a decuplicação ou centuplicação do número de homens, pertencentes à massa trabalhadora e oprimida antes apática, aptos para a luta política". Lenin, V. I., *Esquerdismo, doença infantil do comunismo*. São Paulo: Expressão Popular, 2014, p. 131.

O QUE É UMA REVOLUÇÃO?

midas, executadas e enriquecidas por elas.[5] Tudo isso representou a revolução em marcha.

Portanto, a revolução não constitui um episódio pontual, datável e fotografável, mas um processo longo, de meses e anos, no qual as estruturas calcificadas da sociedade, as classes sociais e as instituições se liquefazem e tudo, absolutamente tudo o que antes era sólido, normal, definido, previsível e ordenado, se dilui em um "torvelinho revolucionário"[6] caótico e criador.

Na realidade, a revolução soviética de outubro se iniciou antes, em fevereiro, quando, em meio a um descontentamento generalizado pela escassez de pão em Petrogrado, as greves dos operários se somam às grandes marchas da "gente comum"[7] da cidade, e, de maneira decisiva, o amotinamento dos soldados recentemente recrutados para engrossar um Exército abatido e desmoralizado pelas derrotas militares na guerra contra a Alemanha.[8] A negativa dos soldados em reprimir a população e, depois, sua própria incorporação à mobilização ajudam a construir a confiança dos participantes na efetividade de sua mobilização, ponto decisivo para uma articulação em cadeia de novos contingentes que depois de muitos anos começam a experimentar novamente a eficácia de sua ação coletiva.[9] Ime-

---

[5] "Para fazer a revolução é preciso conseguir, em primeiro lugar, que a maioria dos operários (ou, em todo caso, a maioria dos operários conscientes, reflexivos, politicamente ativos) compreenda profundamente a necessidade da revolução e esteja disposta a sacrificar a vida por ela". *Ibid.*

[6] Lenin, V. I., "El triunfo de los Kadetes y tareas del Partido Obrero" [O triunfo dos kadetes e tarefas do partido operário] (24-28 de março de 1906), em *OC*, t. 10, p. 249.

[7] Figes, O., *op. cit.*

[8] Ver Pipes, R., *La Revolución rusa. [A Revolução Russa]*. Espanha: Debate, 1916, p. 302-305; Bettelheim, C. *As lutas de classes na URSS, Primeiro Período, 1917-1923*. São Paulo: Paz e Terra, 1976.

[9] *Ibid.*

diatamente, as ruas se enchem de gente de diferentes classes sociais participando de marchas e protestos: estudantes, comerciantes, funcionários públicos, taxistas, crianças, mulheres, operários, soldados, em uma mistura festiva de multidão que ocupa os emblemas geográficos da cidade: as avenidas, as ruas e os monumentos.

> A população alimenta os revolucionários em suas cozinhas... os donos dos restaurantes alimentaram os soldados e os trabalhadores sem lhes cobrar nada... Os comerciantes transformaram suas lojas em base para os soldados e em refúgio para as pessoas durante os tiroteios policiais... os taxistas declararam que só levariam os dirigentes da revolução. Os estudantes e crianças levavam recados e os soldados veteranos obedeciam a suas ordens. Todo tipo de pessoa se apresentou para ajudar os médicos a cuidar dos feridos. Foi como se as pessoas da rua, de repente, houvessem se unido por meio de uma grande rede de fios invisíveis, e foi isso o que lhes garantiu a vitória.[10]

O Palácio de Inverno caiu, o tsar abdicou e começaram a se formar os Conselhos de Deputados Operários, Camponeses e Soldados: os sovietes, que se expandiram territorialmente por todo o país como organismos de deliberação e execução política das massas trabalhadoras, ou seja, como órgãos de poder. Foi a primeira fase do que Marx denominou as "ondas" de toda a revolução.[11]

---

[10] Figes, O., *op. cit.*, p. 367.

[11] "Mas o país que transforma nações inteiras em seus trabalhadores assalariados, que com seus braços gigantescos abraça o mundo inteiro, o país que, em uma oportunidade, já se encarregou dos gastos da Restauração europeia; o país em cujas entranhas tem desencadeado as contradições de classe de forma mais violenta e desavergonhada – Inglaterra – assemelha-se a uma rocha contra a qual as ondas revolucionárias se rompem e que quer matar de fome a nova sociedade ainda no seio materno". Marx, C.; "El movimento revolucionário" [O movimento revolucionário] (1 de janeiro de 1849), em K. Marx y Engels, F., *Sobre la Revolución de 1848-1849.* [*Sobre a Revolução de 1848-1849*]. Moscou:

O QUE É UMA REVOLUÇÃO?

Embora desde 1913 Lenin e os bolcheviques estivessem atentos e teorizassem sobre o surgimento de uma "situação revolucionária" e uma "crise política nacional" na Rússia,[12] a revolução

---

Editorial Progreso, 1981. "Momentaneamente paralisada pela agonia que se seguiu às jornadas de junho, a República Francesa vivera desde a suspensão do estado de sítio, isto é, desde o 19 de outubro, uma série contínua de excitações febris. Primeiro, a luta pela presidência; depois, a luta do presidente com a Constituinte; a luta pelos clubes; o processo de Bourges, o qual, por contraste com as pequenas figuras do presidente, dos realistas coligados, dos republicanos honestos, da Montagne democrática e dos doutrinários socialistas do proletariado, fez aparecer os verdadeiros revolucionários deste como monstros do princípio do mundo só explicáveis por algum dilúvio que os tivesse deixado na superfície da sociedade ou por precederem algum dilúvio social; a agitação eleitoral; a execução dos assassinos de Bréa; os contínuos processos contra a imprensa; a violenta ingerência policial do governo nos banquetes; as descaradas provocações realistas; a exibição dos retratos de Louis Blanc e Caussidière no pelourinho; a luta sem quartel entre a república constituída e a Constituinte que a cada momento fazia recuar a revolução para o seu ponto de partida, que a cada momento tornava o vencedor em vencido, o vencido em vencedor e num abrir e fechar de olhos trocava as posições dos partidos e das classes, os seus divórcios e as suas ligações; a rápida marcha da contrarrevolução europeia; a gloriosa luta dos húngaros; os levantes armados alemães; a expedição romana; a ignominiosa derrota do exército francês às portas de Roma nesse torvelinho, neste tormento de histórico desassossego, neste dramático fluxo e refluxo de paixões revolucionárias, esperanças, desilusões, as diferentes classes da sociedade francesa tinham de contar por semanas as suas épocas de desenvolvimento, tal como anteriormente as tinham contado por meio séculos". Marx, K., "As lutas de classes na França de 1848 a 1850"; em *Revolução antes da revolução* vol. II. São Paulo: Expressão Popular, 2015. "[...] as três crises revelaram uma forma de demonstração nova na história de nossa revolução, uma demonstração de um tipo mais complexo, no qual o movimento se desenvolve em ondas que sobem velozmente e descem de modo súbito, a revolução e a contrarrevolução se exacerbam, e os elementos moderados são eliminados por um período mais ou menos longo". Lenin, V. I., "Tres crisis". *In: OC*, t. 26, p. 248. [Há edição em português: "Três crises", *In: Obras escolhidas em três tomos*. Lisboa: Avante!, 1977].

12 Lenin, V. I., "La celebración del primero de mayo por el proletariado revolucionario" [A celebração do primeiro de maio pelo proletariado revolucionário] (15 de junho de 1913) e "El receso de la Duma y los desconcertados liberales" [O recesso da Duma e os desconcertados liberais] (5 de julho de 1913), em *OC*, t. 19, p. 465, 507-509.

irrompeu por uma combinação excepcional de acontecimentos que tomaram de surpresa todos os revolucionários russos. Inclusive Lenin, um mês antes da eclosão de fevereiro, afirmava o seguinte: "nós, os da velha geração, talvez não cheguemos a ver as batalhas decisivas dessa revolução futura".[13] Então, fica claro que nenhuma revolução verdadeira está agendada de antemão nem é o resultado calculado, seja do mais eficiente, perspicaz ou inteligente partido ou teórico revolucionário.

As revoluções são acontecimentos excepcionais, raríssimos, que combinam de uma maneira jamais pensada correntes das mais dessemelhantes e contraditórias que empurram toda a sociedade, anteriormente indiferente e apática, à ação política autônoma. O próprio Lenin o admitirá, com surpresa, ao afirmar que a revolução surge devido à "situação histórica extremamente original", na qual se unem "uma situação histórica extremamente original: *fundiram-se,* com notável 'unanimidade', *correntes absolutamente diferentes,* interesses de classe *absolutamente heterogêneos,* aspirações políticas e sociais *absolutamente opostas*".[14] Certamente, é possível que entre esta grande variedade de circunstâncias que se entrelaçaram de maneira original, o trabalho de organização, propaganda, difusão e debate desenvolvido pelos revolucionários ajudasse os preparativos para a revolução. Mas assim que ela irrompe, todo aquele paciente e laborioso trabalho anterior das organizações revolucionárias (a velha toupeira de Marx)[15] tornou-se uma corrente interna dentro do impetuoso fluxo revolucionário, e o fortalecimento ou enfraquecimento

---

[13] Lenin, V. I., "Informe sobre a revolução de 1905", *in: Sobre os sindicatos.* Rio de Janeiro: Editorial Vitória, 1961.

[14] Lenin, V. I., "Cartas de longe" (Primeira carta, 7 de março de 1917). *In:* Netto, J. P. (org.), *Lenin e a revolução de Outubro:* textos no calor da hora (1917-1923). São Paulo: Expressão Popular, 2017, p. 121.

[15] "E quando a revolução já tiver levado a cabo essa segunda parte do seu trabalho preliminar, a Europa erguer-se-á e rejubilará: bem escavado, velha toupeira!".

O QUE É UMA REVOLUÇÃO?

desse fluxo de luta de classes e, em última instância, a irradiação dessa torrente social implementada como força politicamente dirigente e moralmente aceita, dependia das ações conscientes que desde aquele momento foram desenvolvidas pelas diferentes organizações político-intelectuais.

Em 1921, Lenin afirma: "triunfamos na Rússia, e com tanta facilidade porque preparamos nossa revolução durante a guerra imperialista. Essa foi a primeira condição".[16] E tem razão, pois durante a Primeira Guerra Mundial (deflagrada em 28 de julho de 1914), os bolcheviques, já forjados no exílio tsarista e na revolução de 1905, desenvolvem uma intensa atividade de propaganda, agitação e trabalho clandestino de organização no interior da tropa do Exército russo.[17] Por isso, quando estas tropas, em retirada nas comunidades rurais ou encantonadas nas cidades, começam a ter uma participação decisiva nas mobilizações e motins contra seus oficiais, canalizam a influência bolchevique na condução dos acontecimentos, na participação dos sovietes de operários e soldados, aumentando a influência dos comunistas nas forças ativas da sociedade. Mas a definitiva arte política e engenhosidade dos revolucionários é posta à prova assim que irrompe a revolução.

Dentro das massas plebeias, operárias, camponesas e comunitárias politizadas fervilham múltiplas tendências político-ideológicas. Por um lado, estão as correntes conservadoras que,

---

Marx, K., "O 18 Brumário de Luís Bonaparte". *In: A revolução antes da revolução* vol. II. São Paulo: Expressão Popular, 2008, p. 324.

[16] Lenin, V. I., "III Congreso de la Internacional Comunista" (22 de junho a 12 de julho de 1921). *In: OC*, t. 35, p. 376. [Há edição em português: "III Congresso da Internacional Comunista". *In: Obras escolhidas em 6 tomos*. Lisboa: Avante!, 1977]

[17] Ver Lenin, V. I., "Las elecciones de la asamblea constituyente y la dictadura del proletariado" [As eleições da Assembleia Constituinte e a ditadura do proletariado] (dezembro de 1919), em *OC*, t. 32

ao mesmo tempo em que aplaudem a derrubada do despotismo tsarista, veem com enorme preocupação a desestruturação da ordem política que anula a estabilidade e previsibilidade do mundo a que estão acostumados, reclamando "pulso forte" para acabar com a "anarquia" reinante. De outro lado, estão os revolucionários moderados que focam seu olhar na ordem redistributiva da grande propriedade agrária e que pretendem acomodar e limitar o mundo a esta democratização da pequena propriedade rural; aí se encontram as correntes dos artesãos, operários e soldados atingidos pela fome e pelo desemprego, que buscam que o novo Estado lhes garanta alimentação e uma remuneração digna por seu trabalho. Há também a corrente dos revolucionários operários e intelectuais radicalizados, que veem a oportunidade de tomar, eles mesmos, o comando do país e resolver os problemas da guerra e da fome, afastando os grandes capitalistas do poder. Por último, encontra-se a tendência dos ultrarrevolucionários que acreditam ser possível abolir, de um dia para o outro, o mercado, o trabalho assalariado, o Estado e a autoridade, para instaurar modos de autogoverno popular local.[18] Enfim, as tendências, as facções de classe e os partidos políticos (muitos dos quais representam essas tendências) fazem referência a muitas revoluções acontecendo dentro da "revolução"; de modo que a influência de cada movimento tático, bandeira de luta, convocatória ou proposta na ação dos sovietes, nas orientações e ações das pessoas mobilizadas depende do eco que possam ter na multidão em ação.

Aparentemente não é possível prever quando uma revolução vai irromper; no entanto, uma vez que ela irrompe, seu curso depende das ações táticas, iniciativas e bandeiras de luta

---

[18] Ver a Terceira Parte: Rusia bajo la revolución [Rússia sob a revolução] (fevereiro de 1917-março de 1918), em Figes, O., *op. cit.*

O QUE É UMA REVOLUÇÃO?

conscientemente planejadas por pessoas e organizações políticas, que têm a capacidade de catalisar as potencialidades sociais e os estados de ânimo latentes na imensa maioria da sociedade mobilizada. Desse modo, pode-se afirmar que uma revolução é, por excelência, uma intensa *guerra de posições* e uma concentrada *guerra de movimentos*[19] ideológico-políticos nas quais, dia a dia, o andamento, a orientação e o desenlace do processo insurgente vai se definindo.

Lenin afirma que "os bolcheviques triunfaram, em primeiro lugar, porque estavam respaldados pela imensa maioria do proletariado".[20] E não se trata de uma frase retórica, mas de todo um programa de trabalho partidário de construção de hegemonia política nacional, que define o curso socialista da revolução. Os sovietes – autênticos órgãos de poder político das classes plebeias – surgem em fevereiro de 1917 e se expandem rapidamente por toda Rússia. Em finais de abril representavam apenas algumas dezenas, passando a novecentos em outubro daquele ano.[21] Do mesmo modo, os Comitês de fábrica, órgãos de defesa e gestão das empresas atingidas pelo abandono gerencial, são fundadas inicialmente nas fábricas estatais e se

---

[19] "Ocorre na arte política o que ocorre na arte militar: a guerra de movimentos torna-se cada vez mais guerra de posição; e pode-se dizer que um Estado vence uma guerra quando a prepara de modo minucioso e técnico no tempo de paz. A estrutura maciça das democracias modernas, seja como organizações estatais, seja como conjunto de associações na vida civil, constitui para a arte política algo similar às 'trincheiras' e às fortificações permanentes da frente de combate na guerra de posição: faz com que seja apenas 'parcial' o elemento do movimento que antes constituía 'toda' a guerra etc.." Gramsci, A. *Cadernos do Cárcere, v. 3:* Maquiavel, notas sobre o Estado e a política. Rio de Janeiro: Civilização Brasileira, 2014, p. 24.

[20] Lenin, V. I., "Las lecciones de la asamblea constituyente y la dictadura del proletariado" [As lições da Assembleia Constituinte e a ditadura do proletariado] (dezembro de 1919), em *OC*, t. 32, p. 246.

[21] Ver Bettelheim, C., *Las luchas de clases em la URSS, Primer Periodo, 1917-1923,* México: Siglo XXI, 1980, p. 59-60.

expandem às principais empresas privadas das cidades.[22] E o que é mais importante, a força vital da sociedade, principalmente urbana, mas também rural, encontra-se canalizada através dessas estruturas revolucionárias criadas autonomamente pelas massas populares "por iniciativa direta das massas desde baixo", independentes de sindicatos e partidos.

> O governo provisório (surgido da queda do tsar) não tem poder real de nenhum tipo, e suas ordens são aplicadas apenas com permissão do Soviete de deputados dos trabalhadores e soldados. Este último controla a força mais essencial do poder, pois as tropas, as ferrovias e os serviços postais e telegráficos estão em suas mãos. Pode-se afirmar francamente que o governo provisório existe apenas na medida em que o permite o Soviete.[23]

Isto significa que o destino da revolução dependia dos sovietes, a criação mais pura e representativa do movimento. Quando em suas famosas "Teses de abril" Lenin defende "que todo o poder passe aos sovietes",[24] o faz sabendo que os bolcheviques constituem a minoria: são menos de 4% dos delegados nos sovietes de Petrogrado e Moscou.[25] Mas tudo o que propõe desse instante em diante ao partido (linhas políticas, iniciativas e diretrizes organizativas) estão destinadas a transformá-los na força dirigente e condutora das ações e iniciativas das massas organizadas em sovietes e, em geral, das classes sociais trabalhadoras de todo o país.

---

[22] Ver Pipes, R., *op. cit.*, p. 442.

[23] "Carta de A. Guchkov, ministro de Defensa del Gobierno Provisional, a M. Alexeev, Comandante en Jefe del Exército Ruso, 9 de marzo de 1917" [Carta de A. Guchkov, ministro da defesa do Governo Provisório, a M. Alexeev, Comandante-em-chefe do Exército Russo, 9 de março de 1917], em Figes, O., *op. cit.*, p. 407. Ver também Pipes, R., *op. cit.*, p. 350.

[24] Lenin, V. I., "As tarefas do proletariado na presente revolução – teses de abril" (4 e 5 de abril de 1917), em Netto, J. P. (org.), *op. cit.*, p. 172.

[25] Ver Bettelheim, C., *op. cit.*

O QUE É UMA REVOLUÇÃO?

As consignas de terminar com a guerra, de redistribuir as terras entre os camponeses e ocupar as fábricas (abril); de pressionar o governo provisório, de resistir à repressão interna (junho e julho), de retirar a palavra de ordem do poder aos sovietes (submetidos então ao governo provisório); de se mobilizar a partir das fábricas e dos sovietes contra as tentativas reacionárias de golpe de Estado (agosto), de retomar a palavra de ordem de todo poder aos sovietes quando os bolcheviques se tornam a maioria neles (setembro); a adoção por parte dos bolcheviques do programa agrário proposto pelo partido "socialista revolucionário" semanas antes da insurreição[26] demonstram, em toda sua magnitude, uma intensa luta pela hegemonia política dentro das classes subalternas.

De fato, já em outubro de 1917 os bolcheviques são o poder político-ideológico do processo revolucionário. Em maio, eles dirigem a maioria dos Comitês de Fábrica das principais indústrias,[27] em agosto sua influência nas tropas aquarteladas nas cidades é de tal magnitude que é suficiente para impedir a obediência da tropa ao governo provisório e ao comando militar oficial.[28] Embora não tivessem nenhum órgão de imprensa em inícios da revolução, em finais de julho, seus diversos jornais, distribuídos nas fábricas e nos quartéis, alcançam uma tiragem superior a 350 mil exemplares diários.[29] Em setembro assumem o controle do Soviete de Petrogrado, de modo que suas bandeiras políticas são defendidas pela maioria dos sovietes – inclusive naqueles que ainda estão sob influência dos par-

---

[26] Lenin, V. I., "III Congreso de la Internacional Comunista" (junho-julho de 1921), em *OC*, t. 35, p. 360 [Há edição em português: "III Congresso da Internacional Comunista". *Obras escolhidas em 6 tomos*. Lisboa: Avante!, 1977] .

[27] Pipes, R., *op. cit.*, p. 442.

[28] *Ibid.*, p. 443.

[29] *Ibid.*, p. 444.

tidos de centro –; os conselhos de soldados estão à frente nos principais regimentos militares; e, de fato, as principais guarnições respondem tecnicamente ao partido bolchevique.[30] As fábricas estão tomadas e apenas os bolcheviques consideram essa ação como necessária para garantir o trabalho dos operários. De tal modo que, com a adoção do programa agrário do partido camponês – que se nega a aplicar seu próprio programa, que tem plena aceitação nas zonas rurais –, os bolcheviques já haviam construído um poder ideológico, uma liderança moral e uma condução política para a imensa maioria da sociedade mobilizada. Figes afirma:

> A polarização social que ocorreu durante o verão proporcionou aos bolcheviques seu primeiro apoio maciço como partido que baseava sua principal reivindicação na rejeição plebeia de toda autoridade superior. [...] As maiores fábricas das cidades importantes, onde a consciência de solidariedade de classe dos operários estava mais desenvolvida, foram as primeiras a aderir em grandes quantidades aos bolcheviques. Embora os sindicalistas mencheviques continuassem contando com sua influência até 1918, em fins de maio o partido já havia obtido o controle do escritório central de comitês de fábrica, e também começaram a conseguir que suas resoluções fossem aprovadas em importantes assembleias sindicais. [...] Em agosto e setembro os bolcheviques obtiveram importantes avanços nas eleições da Duma (parlamento) na cidade. Em Petrogrado aumentaram sua porcentagem de voto popular e passaram de 20% em maio a 33% em 20 de agosto. Em Moscou, onde os bolcheviques haviam obtido apenas 11% em junho, chegaram à vitória em 24 de setembro, com 51% dos votos.[31]

Na realidade, a insurreição de outubro simplesmente consagrou o poder real alcançado anteriormente pelos bolche-

---

[30] "La agonia del Gobierno Provisional" [A agonía do Governo Provisório], em Figes, O., *op. cit.*

[31] *Ibid.*, p. 509-511.

viques em todas as redes ativas da sociedade trabalhadora. Mais que conquistar o poder – que já haviam alcançado em toda a estrutura reticular da sociedade subalterna russa –, a insurreição anulou o corpo zumbi do velho poder burguês que se encontrava registrado nas velhas instituições estatais. A insurreição culminou com um longo processo de construção fundamentalmente político-ideológico de poder a partir da sociedade, não reconhecendo e substituindo o velho poder do Estado –; e iniciou a concentração monopólica desse poder constituído a partir da sociedade sob a forma de Estado, de poder de Estado institucionalizado. Dado o caráter plebeu da Revolução russa e, em geral, de qualquer revolução, essa construção social de poder de baixo para cima necessariamente se apresenta mais do que como "dualidade de poderes",[32] como "multiplicidade de poderes locais".[33] Em 1918, V. Tijomirnov comenta:

> Havia sovietes de cidade, sovietes de aldeia, sovietes de vila e sovietes suburbanos. Essas entidades não reconheciam ninguém a não ser a si mesmas e, se chegavam a reconhecer alguém, era somente até 'o grau' de que lhes pudesse ser casualmente vantajoso. Cada soviete vivia e lutava segundo o que lhe permitiam as condições circundantes, como podia e queria fazê-lo.[34]

Nos meses seguintes, o processo de centralização desses múltiplos poderes plebeus representa o processo de estatização do poder político disperso na sociedade.

---

[32] Ver o capítulo XI, "A dualidade de poderes", em Trotsky, L.., *História da Revolução Russa*, tomo I. São Paulo: Sundermann, 2007.

[33] Figes, O., *op. cit.*, p. 407, 408, 516 e 746.

[34] Pipes, R., *op. cit.*, p. 555. Segundo este autor, de cada cinco empresas nacionalizadas, apenas uma é resultado da decisão do governo central, enquanto que o restante, 80%, é fruto da decisão dos sovietes e das autoridades locais. Pipes, R., *op. cit.*, p. 750.

As contradições aparentes da revolução

Em síntese, e em primeiro lugar, as revoluções são, portanto, longos processos históricos de semanas, meses ou anos, que liquefazem as relações de poder prevalecentes para instaurar uma nova ordem de direção, influência e propriedades, inicialmente fragmentadas, sobre os bens da sociedade. Dentro do movimento da história interna das classes sociais, uma revolução modifica drasticamente a arquitetura das relações entre elas, ao expropriar os bens e as influências de algumas, para redistribuí-los parcial ou totalmente entre outras classes ou blocos de classes que, naquele momento, ocupam posições de decisão ou influência sobre esses bens.

Em segundo lugar, uma revolução é um desmoronamento das estruturas de poder moral das antigas classes dirigentes, uma dissolução das ideias dominantes e das influências políticas que consagram a passividade das classes subalternas.[35] As tolerâncias morais entre governantes e governados se liquefazem dando lugar a iniciativas políticas diretas das classes trabalhadoras que vão produzindo, armando ou aceitando novos esquemas discursivos, novas estruturas morais ordenadoras do papel dos indivíduos na sociedade. Esta luta é o motor de toda revolução, e de seus resultados emerge uma institucionalidade capaz de objetivar esse magma social, ou seja, de organizar e regularizar essas influências modificadas seja sobre os bens comuns da sociedade, seja sobre os bens privados, dando lugar a uma nova estrutura estatal adequada à estrutura de propriedade e influência de classe. Isto significa que as revoluções,

---

[35] "A revolução de 1917 deveria ser considerada como uma verdadeira crise geral de autoridade. Gerou uma rejeição não apenas do Estado, mas também de todos os representantes da autoridade: juízes, policiais, funcionários, oficiais do Exército e da Marinha, sacerdotes, professores, patrões, capatazes, fazendeiros, anciãos da aldeia, padres patriarcais e maridos". Figes, O., *op. cit.*, p. 407 e 367.

O QUE É UMA REVOLUÇÃO?

primeiro, são ganhas na própria sociedade, na ativa liderança política e organizativa das classes subalternas; e só depois isto pode se converter inicialmente em estrutura estatal e depois em monopolização e unicidade de poder. Todas as histórias das revoluções políticas e sociais do século XX e XXI têm, e inevitavelmente terão, essas características.

Na realidade, uma revolução são múltiplas e contraditórias revoluções em paralelo, em concordância com as múltiplas iniciativas implementadas pelas diversas classes e frações de classe em competição e que se constroem no transcurso da própria revolução. Uma revolução é a destruição de antigas relações de propriedade e de influência, para dar lugar a novas relações de propriedade material e influência estatal. Uma revolução é, em última instância, a luta encarniçada pelo novo monopólio duradouro das influências político-ideológicas da sociedade, por novas hegemonias de longo prazo. Assim, toda revolução é também uma maneira de nacionalização da sociedade.[36]

Participação revolucionária armada ou participação democrática eleitoral

Por isso, a contraposição entre revolução e democracia é um falso debate. Afirma-se que a democracia é um regime de participação pacífica da sociedade nos assuntos políticos, que assegura os direitos das pessoas; enquanto a revolução é um fato violento que desconhece esses direitos.[37] Como se pode constatar ao estudar qualquer revolução, se há algo que caracteriza um processo revolucionário é a incorporação rápida e

---

[36] Ver García Linera, A., *Identidad boliviana. Nación, mestizaje y plurinacionalidad*. La Paz: Vicepresidência del Estado, 2014.

[37] Ver Aaron, R., *Introducción a la filosofía política. Democracia y revolución*. [Instrodução à filosofía política. Democracia e revolução]. Espanha: Editorial Página Indómita, 2015.

crescente de pessoas de diversas classes sociais na participação dos assuntos públicos de uma sociedade. Pessoas apáticas, que anteriormente eram convocadas a eleger alguns representantes para que tomassem decisões em seu nome a cada quatro ou cinco anos, com a revolução rompem essa complacência frente às elites governantes e se envolvem, discutem e participam na definição dos assuntos comuns da sociedade. Rapidamente, todos se transformam em especialistas em tudo; todos acreditam ter direito de opinar e de decidir sobre os assuntos que lhes afetam.

Um jornalista estadunidense, que estava na Rússia durante os meses iniciais da revolução, fez os seguintes comentários:

> Os servos e os porteiros das casas pedem conselhos quanto ao partido que devem votar nas eleições distritais. Todos os muros da cidade estão cheios de cartazes de reuniões e conferências, congressos, propaganda eleitoral e anúncios [...]. Dois homens discutem em uma esquina e, imediatamente, se veem rodeados por uma multidão entusiasmada. Inclusive nos concertos, a música já está diluída pelos discursos políticos de oradores famosos. A avenida Nevsky se tornou uma espécie de *Quartier Latin*. Os vendedores de livros enchem as calçadas e anunciam aos gritos brochuras sensacionalistas sobre Rasputin e Nicolau, sobre quem é Lenin e sobre a quantidade de terra que os camponeses deverão receber.[38]

Parafraseando Rancière, uma revolução é uma "viralização" de "partes que não têm parte",[39] de sujeitos políticos constituídos

---

[38] Harold Williams, citado em Figes, O., *op. cit.*, p. 417.

[39] "A noção de 'sem parte' [...] é a figura de um sujeito político, e um sujeito político nunca pode se identificar de imediato com um grupo social. Por esta razão, [...] o povo político é o sujeito que encarna a parte dos sem parte – o que não significa 'a parte dos excluídos', nem que a política seja a irrupção dos excluídos, mas que a política é [...] a ação de sujeitos que sobrevêm com independência da distribuição das partes sociais ['A parte dos sem parte'] define [...] a relação entre uma exclusão e uma inclusão [isto é...] designa aqueles que não

sobre a ação em marcha que visualizam carências, necessidades ou direitos e que assumem diretamente a solução de tais "partes".

Na verdade, uma revolução é a realização absoluta da democracia porque as pessoas do povo, que anteriormente deixavam a gestão dos temas comuns que lhes diziam respeito aos "especialistas", agora assumem esse envolvimento direto nos assuntos comuns como uma necessidade própria. E assim, o que é comum se transforma imediatamente em um assunto dos comuns; todos se transformam em deputados, se sentem ministros e se veem moralmente compelidos a falar por si mesmos, a definir eles mesmos as coisas que lhes afetam. É a democracia absoluta em ação que eleva a participação da sociedade nos assuntos políticos em níveis jamais alcançados por qualquer escolha eleitoral.

De certa maneira, uma revolução, com suas assembleias multiplicadas por toda parte debatendo temas de interesse público, com seus conselhos deliberativos nos locais de trabalho, bairros, escritórios ou comunidades, definindo de maneira arrazoada a condução de seus vínculos compartilhados, é o horizonte limite alcançado pelas propostas sobre a "democracia deliberativa",[40] com o acréscimo de que, no caso do processo revolucionário, a desigualdade na influência deliberativa, resultado da desigualdade no acesso aos bens culturais, acadêmicos ou informativos, que dá lugar à manipulação ou à elitização da

---

têm parte, aqueles que vivem sem mais e, ao mesmo tempo designa, politicamente, aqueles que não só são seres vivos que produzem, mas também sujeitos capazes de discutir os assuntos da comunidade [...]. O Coração da subjetivação histórica [dos 'sem parte'...] tem sido a capacidade não de representar o poder coletivo, produtivo, operário, mas de representar a capacidade que qualquer que seja. Rancière, J., "Universalizar la capacidad de cualquiera" [Universalizar a capacidade dos quaisquer] em *El tempo de la igualdad. Diálogos sobre política y estética* [O tempo da igualdade. Diálogos sobre política e estética]. Barcelona: Herder, 2011, p. 233-4.

[40] Ver Habermas, J., *Direito e democracia entre facticidade e validade*. Rio de Janeiro: Editora Tempo Brasileiro, 2003.

deliberação fica neutralizada porque está fundida com a execução conjunta daquilo que foi deliberado. Claro, se a deliberação é imediatamente a execução conjunta pelos deliberantes, para poder ser realizada é necessário que, previamente, tenha se produzido uma neutralização das desigualdades de comunicação a fim de garantir uma adesão ampla de efeitos práticos. Desta maneira, a deliberação se torna uma atividade social irradiadora e, além disso, sem os limites da microterritorialidade local a que os filósofos fazem referência.

Por outro lado, na medida em que as revoluções são momentos constitutivos de hegemonia, isto é, de direção e dominação,[41] essas lutas são resolvidas fundamentalmente nas ideias, nos pré-conceitos e nas inclinações morais dominantes nas pessoas. É por isso que as revoluções são, por excelência, lutas e mudanças drásticas na ordem e nos padrões mentais com os quais as pessoas interpretam, conhecem e agem no mundo. Daí a sua qualidade democrática e deliberativa, mas também o seu caráter fundamentalmente pacífico. Se a revolução rompe a tolerância moral entre governantes e governados para substituí-la por uma nova estrutura de afetos morais e esquemas cognitivos da realidade, essa transformação do mundo simbólico das pessoas é realizada principalmente por meio do conhecimento, da dissuasão, da convicção lógica, da adesão moral e do exemplo prático; isto é, através de métodos pacíficos de convencimento.

Quando na Rússia revolucionária os soldados derrubam suas boinas ignorando a velha hierarquia militar; quando as mulheres que saem às ruas optam por usar calças e botas militares subvertendo a velha ordem social e sexual; quando os garçons marcham rejeitando as gorjetas e reivindicando um tratamento

---

[41] Lenin, V. I., "Sobre o imposto em espécie" (21 de abril de 1921), *in*: Netto, J. P. (org.), *Lenin e a revolução de outubro*: textos no calor da hora. São Paulo: Expressão Popular, 2017, p. 485-530.

O QUE É UMA REVOLUÇÃO?

digno por seu trabalho; quando as empregadas domésticas reivindicam que sejam tratadas por "senhora" e não por "você", utilizado anteriormente com os servos; enfim, quando os camponeses queimam as casas dos fazendeiros que haviam governado suas vidas durante séculos, ou quando os operários ocupam as fábricas para administrá-las por sua conta e direção, toda a ordem lógica da velha sociedade fica literalmente invertida pela força de uma decisão moral dos subalternos que, ao tomá--la, automaticamente deixam de sê-lo.[42] Assim, a revolução se mostra fundamentalmente como uma revolução cultural, uma revolução cognitiva que torna o impossível e o impensado em realidade. Os preceitos lógicos, normas morais, conhecimentos e tradições que anteriormente davam coesão a todas as dominações se estilhaçam agora em mil pedaços e habilitam outros critérios morais e outras maneiras de conhecer, outras razões lógicas que colocam aos dominados, ou seja, a imensa maioria do povo, como seres construtores de uma ordem na qual eles mandam, decidem e dominam.

Em tudo isso, a pluralidade de ideias, os meios de comunicação plurais, a liberdade de associação, isto é, o conjunto de direitos democráticos próprios das sociedades modernas, joga um papel decisivo e insubstituível. Sem liberdade de associação, de que tipo de assembleias ou conselhos se pode falar? Sem pluralismo, qual é o tipo de deliberação, de liderança intelectual e moral que se pode construir? Nenhuma! Assim, as liberdades e garantias democráticas se apresentam como o único terreno úmido e fértil no qual qualquer processo revolucionário pode crescer; e, inclusive, às vezes o ponto de início das revoluções é a conquista desses direitos.

---

[42] Ver a Terceira Parte: Rusia bajo la revolución [Rússia sob a revolução] (fevereiro de 1917-março de 1918), em Figes, O., *op. cit.*

Isso faz de toda revolução – e as revoluções latino-americanas de inícios do século XXI não são uma exceção – um fato democrático por excelência e pacífico por natureza. Apenas circunstâncias excepcionais, de violência armada contrarrevolucionária que bloqueiam a conversão da convicção socialmente constituída em instituição estatal regularizada, levam à necessidade de uma ação de força, armada, para desbloquear o fluxo revolucionário. No caso da revolução soviética, as ações violentas do governo conservador, que em julho de 1917 colocam na ilegalidade o partido bolchevique buscam reprimi-lo violentamente e depois eliminá-lo fisicamente por meio de um golpe de Estado, levam Lenin a abandonar a convicção de que a revolução iria triunfar pacificamente: "a via pacífica de desenvolvimento se tornou impossível [...] todas as esperanças de um desenvolvimento pacífico da Revolução Russa se desvaneceram para sempre",[43] afirma, obrigado a refugiar-se na Finlândia e preparar, com isso, a via da insurreição.

Portanto, na medida em que se apresenta um *processo revolucionário bloqueado*, ou seja, um processo de constituição de uma nova hegemonia cultural revolucionária sitiada ou encurralada por métodos violentos contrarrevolucionários que cerceiam a capacidade organizativa e deliberativa da sociedade – o que obriga às forças e classes insurgentes a defender e liberar a torrente emancipadora que emergiu anteriormente –, cabe falar do caráter revolucionário do método da luta armada, guerrilha, insurreição ou guerra prolongada. Assim, pois, a luta armada se apresenta então como um facilitador da expressão

---

[43] Lenin, V. I., "A propósito das palavras de ordem". *Obras Escolhidas em Três Tomos*, 1977. Lisboa: Edições Avante! Edições Progresso, Moscovo, e "La situación política (Cuatro tesis)" (10 de julho de 1917), em *Obras Completas*, Tomo 26, *op. cit.*, p. 254.

das capacidades democráticas da própria sociedade e, apenas nesses termos, como um fato revolucionário.

Guerra de movimento ou guerra de posições

Uma segunda interpretação equivocada da revolução soviética, ligada à anterior, é a que se refere às revoluções como um tipo de "guerra de movimentos", de estratégia de assalto rápido possível de ser implementada em países com uma sociedade civil frágil, "gelatinosa", típica de sociedades "asiáticas" caracterizadas por Estados que absorvem tudo, mas com precárias hegemonias políticas; enquanto que nas sociedades do "ocidente", pela presença de um Estado sustentado em uma sociedade civil robusta com inumeráveis trincheiras e fortificações construídas pelo próprio poder do Estado, que sustentam o poder de classe apesar da debilidade do aparelho estatal, necessariamente há que empregar uma estratégia de uma longa "guerra de posições", de pacientes ataques a essa estrutura de fortalezas e casamatas da sociedade civil. Gramsci introduz esta diferenciação para explicar o conceito de "frente única", proposta por Lenin nos debates da Internacional Comunista.

> No Oriente, o Estado era tudo, a sociedade civil era primitiva e gelatinosa; no Ocidente, havia entre o Estado e a sociedade civil uma justa relação e, ao oscilar o Estado, podia-se imediatamente reconhecer uma robusta estrutura da sociedade civil. O Estado era apenas uma trincheira avançada, por trás da qual se situava uma robusta cadeia de fortalezas e casamatas; em medida diversa de Estado para Estado, é claro, mas exatamente isto exigia um acurado reconhecimento de caráter nacional.[44]

Ao longo da história moderna é possível que seja mais difícil encontrar, nos Estados europeus, ações destinadas a "su-

---

[44] Gramsci, 2014, *op. cit.*, p. 266.

focar" as aspirações populares, porque se trata de países "onde não se vêem pisoteadas as leis fundamentais do Estado nem se vê o arbítrio ser o dominador",[45] o que levaria, segundo Gramsci, a um enfraquecimento da luta de classes nesses países. No entanto, o fenômeno do fascismo europeu na primeira metade do século XX mostra que a imposição, o pisoteio das leis, a arbitrariedade e a desenfreada violência estatal, em sua excepcionalidade, não são alheias à cultura política ocidental. A razão dessas circunstâncias não darem lugar a um vitorioso movimento revolucionário é tema de outro debate. Contudo, nisto existe uma verdade irrefutável: para um observador estrangeiro que visita a Europa ou os Estados Unidos, uma das primeiras experiências impactantes é ver que paralelamente ao funcionamento regular das instituições governamentais e das condições de satisfação das necessidades básicas da maioria da população, há uma internalização apodítica dos preceitos da ordem social por parte dos cidadãos; como se a lógica estatal estivesse aderida à pele das pessoas, numa espécie de Estado individualizado, que não requer aparatos estatais visíveis para a reprodução da ordem. Assim, quando alguém rompe a norma, a presença rápida, oportuna, pontual e brutal dos corpos de segurança infunde uma maior indiferença frente ao destino dos demais. Como Gramsci afirma, onde existe uma ordem que funciona, se torna mais difícil lutar para que ela seja substituída por uma nova. Em todo caso, mais que de uma sociedade civil sólida e "equilibrada" frente ao Estado, trata-se de um Estado muito forte e ramificado nos poros mais íntimos da sociedade civil – algo como uma sociedade civil estatizada –, o que certamente faz com que o aparelho governamental, apesar

---

[45] Gramsci, A., "Três principios, três ordens". *In*: Antonio Gramsci e a revolução socialista: primeiros escritos. *Cadernos de Pesquisa: Planejamento Educacional*, Curitiba, v. 10, n. 24, jan.-abril de 2015, p. 202.

O QUE É UMA REVOLUÇÃO?

das fissuras que possa apresentar em algum momento, encontre uma infinidade de trincheiras, suprimentos, substituições e apoio na sociedade civil que o tornam resistente e muito mais sólido do que os Estados menos aderidos a ela. Talvez a obsessão da academia estadunidense pelo estudo dos "papéis"[46] seja a sombra dessa onipresença reticular da ordem estatal na ordem individual dos cidadãos.

Vendo as coisas desse modo, a lógica gramsciana poderia ser invertida: as sociedades "orientais" têm uma sociedade civil mais vigorosa e ativa e um Estado mais gelatinoso e frágil, apesar de sua arbitrariedade – de fato, a arbitrariedade vem substituir a falta de aderência social ou sustentação estrutural –; enquanto as sociedades "ocidentais" têm um Estado onipresente por estar enraizado profundamente na própria sociedade civil e, por sua vez, suas sociedades civis são mais plurais e diversas embora politicamente menos ativas e imersas em um tipo de conformismo civil generalizado.

Excepcionalidade histórica ou disponibilidade social universal

Mas independentemente do *modo de composição política* da sociedade contemporânea,[47] a universalidade da revolução soviética radica precisamente na vitória cultural, ideológica, política e moral das correntes bolcheviques na sociedade civil, em suas organizações plebeias mais ativas, antes e como condição da

---

[46] Ver Erving Goffman, *Encounters: Two Studies in the Sociology of interaction* [*Encontros: dois estudos em sociologia da interação*] Indianópolis: Bobbs-Merril Company, Inc., 1961; também se pode revisar Linton, R. *O homem:* uma introdução à antropologia. São Paulo: Martins Fontes, 1962.

[47] Sobre o modo de composição política da sociedade, ver Álvaro García Linera, "La nueva composición orgánica plebeya de la vida política en Bolivia" [A nova composição orgânica plebeia da vida política na Bolívia], discurso na Sessão Solene de Honra em comemoração aos 191 anos de independência da Bolívia, Tarija, 6 de agosto de 2016.

própria insurreição. Lenin se refere a isto quando afirma categoricamente que os bolcheviques triunfam porque se encontram "respaldados pela imensa maioria do proletariado". E esse respaldo, apoio, influência e liderança nos setores mobilizados das classes plebeias até o ponto de que "estão dispostos a sacrificar a vida" pela revolução reflete a profunda transformação ideológica moral que se produziu entre abril e outubro de 1917 na mentalidade das classes subalternas; em termos gramscianos, mostra o bem-sucedido desenvolvimento de uma "guerra de posições" fulminante contra as casamatas e trincheiras da velha sociedade civil. Em síntese, a batalha pela liderança e condução política das classes populares mobilizadas é a chave da revolução; enquanto que a audácia insurrecional que derruba definitivamente o velho poder estatal é uma contingência emergente do desenvolvimento anterior dessa luta pela hegemonia.

Toda revolução é fundamentalmente uma transformação radical dos esquemas de senso comum da sociedade, da ordem moral e da ordem lógica que monopoliza o poder político centralizado. O ataque armado ao Palácio de Inverno representa a eventualidade de um processo de profundas transformações político-ideológicas que constroem o poder político soviético, antes dele ser referendado por um ato de ocupação institucional dos símbolos de poder. Nesse sentido, se pode falar de um "Lenin gramsciano" que deposita na hegemonia cultural e política a chave do momento revolucionário.

Entretanto, o que pode ser assumido como uma excepcionalidade 'russa', mais do que 'oriental', é a compreensão dos tempos dessa "guerra de posições". Normalmente, a construção de um novo senso comum[48] e do monopólio dos esquemas de

---

[48] Entendido como "crenças populares", convicções e, em geral, cultura através das quais as pessoas "conhecem" e atuam no mundo sem necessidade de refletir sobre ele. Ver Gramsci, A., *Cuadernos de la cárcel*, t. 3. México: Era, 1984, p. 305.

ordem que orientam os comportamentos cotidianos das pessoas são processos de construção hegemônica de longo prazo. Pode levar décadas, até mesmo séculos, durante os quais vai se sedimentando nas estruturas mentais das pessoas, das classes e dos subalternos o conformismo moral e lógico com a dominação.[49] Em geral, romper essas amarras que comprimem o cérebro das pessoas é uma tarefa titânica, também de décadas, que exige, como diz Gramsci, "táticas mais complexas" e "qualidades excepcionais de paciência e espírito inventivo".[50] Na Rússia, isso acontece extraordinariamente mais rápido. Mas não se pode deixar de lado o fato de que no meio havia uma guerra mundial que estava levando à morte milhões de jovens do império russo; que se tinha um país economicamente quebrado que havia arrojado sua população a condições de consumo inferiores às existentes anos atrás; que se tinha uma estrutura mundial imperialista explodindo em crises e em reconfiguração etc.

Esta excepcionalidade de circunstâncias, irrepetíveis para qualquer outro país em qualquer outro momento, comprime os tempos, encurta os prazos e leva a sociedade russa a uma

---

[49] "Pois se, em qualquer conjuntura, os homens não se entendessem sobre estas ideias essenciais, se não tivessem uma concepção homogênea do tempo, do espaço, da causalidade, da quantidade etc., todo acordo entre as inteligências se tornaria impossível e, com isso, toda vida comum. Além disso, as sociedades não podem abandonar ao arbítrio dos particulares as categorias sem abandonar a si mesmas. Para poder viver, não apenas tem necessidade de um conformismo moral suficiente; há um mínimo conformismo lógico do qual também não pode prescindir. Por essa razão exerce o peso de toda sua autoridade sobre seus membros para prevenir as dissidências". Durkheim, E. *Las formas elementales de la vida religiosa*. Madri: Akal, 1982, p. 15, tradução nossa. [Há edição brasileira: *As formas elementares da vida religiosa*: o sistema totêmico na Austrália. São Paulo: Martins Fontes, 2003]

[50] Ver Gramsci, A., "Democracia obrera y socialismo" [Democracia operária e socialismo], em *Pasado y presente* (Revista trimestral), Ano IV, nova série. Argentina: Edigraf, 1973, p. 103 e seguintes.

crise de hegemonia, a uma disponibilidade social geral de novas certezas e a uma porosidade e predisposição das classes populares a recepcionar novas emissões discursivas capazes de ordenar o mundo incorporando-os como sujeitos ativos e influentes desse novo mundo a erigir. O que em outros tempos teria levado décadas, e até mesmo séculos, pode ser alcançado em meses, e está claro que algo assim dificilmente acontecerá novamente em muito tempo. Excepcionalidades como essas, únicas e irrepetíveis na história, costumam acontecer na vida de todas as nações e, em geral, ficam registradas na história como um estranho, passageiro e confuso tempo turbulento. E quando essa excepcionalidade tumultuosa da história vem acompanhada de uma férrea vontade política organizada para buscar desencadear todas as potencialidades criativas contidas nesse excepcional tempo turbulento, as revoluções que mudam a história do mundo explodem. Isso ocorreu com a Revolução Russa: a excepcionalidade se tornou regra, a potência se transformou em fluxo criativo e a luta pelo novo senso comum se tornou instituição.

A convergência de contradições e disponibilidades sociais que paralisam a institucionalidade estatal, como aconteceu na Rússia em 1917, constitui uma excepcionalidade histórica. No entanto, é um fato universal que em algum momento de sua história um país apresente alguma fenda ou uma rachadura em sua reforçada couraça estatal, algum estupor em sua perfeita maquinaria social de letargia coletiva, de tal forma que se facilite um regime de novas apetências discursivas. O fato de uma hegemonia estatal ser suplantada tão rapidamente é uma excepcionalidade histórica. Mas a existência de potencialidades emancipatórias, democratizadoras do poder nas formas organizativas próprias das classes subalternas, é um fato universal. E, então, o papel das associações, ligas ou partidos revolucionários

O QUE É UMA REVOLUÇÃO?

radica em sitiar, em cavar pacientemente – como a velha toupeira – a fortaleza estatal e cultural do regime dominante. E se a excepcionalidade histórica imprevisível bate à porta quando se está vivo, há que aproveitar com inabalável vontade de poder cada brecha, fissura ou oportunidade a fim de apontar as potencialidades democratizadoras acumuladas e inventadas pelas classes plebeias. É assim que devemos entender a tarefa dos comunistas revolucionários que, de acordo com o jovem Marx:

> Não proclamam princípios especiais aos que quiseram moldar o movimento [...] em todas as etapas nas diferentes fases do desenvolvimento porque passa a luta entre o proletariado e a burguesia, representam sempre os interesses do movimento em seu conjunto.[51]

Momento jacobino leninista ou momento gramsciano hegemônico

Há um momento específico, mas decisivo, que toda revolução em andamento não pode ignorar, porque dependendo da atitude tomada em relação a ela o curso da revolução continuará ou terminará para dar lugar a uma terrível etapa contrarrevolucionária. Referimo-nos ao *momento jacobino ou ponto de bifurcação da revolução*,[52] que não tem a ver com a ocupação das instalações e símbolos do velho poder que passam a ser substituídos em suas funções e na condição de classe de seus ocupantes. Também não se trata da destituição e substituição das autoridades governamentais, legislativas e executivas do

---

[51] Marx, K. e Engels, F., *Manifesto do Partido Comunista*. São Paulo: Expressão Popular, 2008, p. 30-31.

[52] Ver Garcia Linera, A., *Las tensiones creativas de la revolución. La quinta fase del Proceso de Cambio*. La Paz: Vicepresidencia del Estado, 2011 [No prelo: *Tensões criativas da revolução. A quinta fase do Processo de Mudança*, São Paulo, Expressão Popular].

velho Estado. As revoluções do século XXI mostram que esta última pode ser realizada pela via de eleições democráticas. Ambos são momentos derivados do poder político-cultural alcançado anteriormente pelas forças insurgentes e, dependendo das circunstâncias, podem ser realizados pela via pacífica, eleitoral, ou, excepcionalmente, como no caso da revolução russa, pela via armada.

Apesar disso, o que inevitavelmente precisa de um ato de força, de um emprego de coerção, é a derrota do *projeto de poder* das classes destituídas do governo. As velhas classes dominantes podem perder a direção cultural da sociedade por um tempo, à espera de retomar a iniciativa, assim que passe o "torvelinho social", através da propriedade dos meios de comunicação, das universidades e do peso das crenças impressas, durante décadas, nas mentes das pessoas; podem perder o controle do governo, do Parlamento e de parte de suas propriedades, mas preservam os recursos financeiros, os conhecimentos administrativos, o acesso a mercados, as propriedades em outras áreas da economia, as influências e os negócios externos que temporariamente lhes permitem manter um poder econômico capilarizado na sociedade. Os bolcheviques tomaram o poder em outubro de 1917, mas o Banco Central continuava entregando dinheiro aos representantes do antigo governo provisório inclusive até fins de novembro. Em janeiro de 1918, os funcionários dos ministérios ainda se mantinham em greve ignorando os novos ministros,[53] assim como os funcionários de governos locais até os primeiros meses de 1919 continuavam sem obedecer ao novo governo.

Portanto, o que as velhas classes dominantes nunca aceitam de maneira dialogada é a anulação de seu projeto de poder, ou

---

[53] Pipes, R., *op. cit*, p. 569-572.

O QUE É UMA REVOLUÇÃO?

seja, o sistema de influências, ações e meios através dos quais articulam sua persistência e sua projeção histórica como classe dominante. Na Revolução Russa, nem o governo provisório nem a assembleia constituinte, nem sequer a tomada das instalações do Estado por parte dos bolcheviques foram o cenário de condensação da derrota do projeto político conservador; a guerra civil o foi. A maior quantidade de mortes, os maiores horrores da luta de classes, a mobilização mais extensa das forças contrarrevolucionárias internas e estrangeiras, os discursos mais anticomunistas e o verdadeiro confronto armado entre os dois projetos de poder ocorreram durante a guerra civil,[54] e aí se definiu também a vitória da revolução além das características do novo Estado. Lenin descreverá esse momento decisório de maneira muito precisa:

> Em finais de 1917 [...] a burguesia [...] disse o seguinte: 'antes de tudo lutaremos pelo problema fundamental: determinar se vocês são realmente o poder de Estado ou apenas acreditam sê-lo; o problema, pois, não será resolvido com decretos, mas por meio da violência e da guerra' [...].[55]

O *ponto de bifurcação ou momento jacobino* é este epítome das lutas de classes que desencadeia uma revolução. E posto que toda classe ou blocos de classes com vontade de poder reivindicarão a unicidade e monopólio do poder de Estado, o corpo estatal em disputa emerge em sua realidade desolada e arcaica: como "poder organizado".[56] É nesse terreno onde se define a natureza do novo ou velho Estado, o monopólio do

---

[54] Ver a "Cuarta Parte: La guerra civil y la formación del sistema soviético (1918-1924)" [Quarta parte: A guerra civil e a formação do sistema soviético], em Figes, O., *op. cit.*

[55] Lenin, V. I., "VII Conferencia del partido de la provincia de Moscú" [VII Conferência do partido da provincia de Moscou] (outubro de 1921), em *OC*, t. 35, p. 537.

[56] Marx, K. e Engels F., *Manifesto do Partido Comunista, op. cit.*, p. 44.

poder político e a direção geral da sociedade para todo um longo ciclo estatal. Em geral, isso ocorre depois do afastamento das forças conservadoras do governo, mas não do poder real. Em um extraordinário texto, Marx descreve esse momento ao afirmar que a conquista do poder governamental por parte do proletariado "não fará desaparecer seus inimigos nem a velha organização da sociedade" e, portanto, "deverá empregar meios violentos e, por conseguinte, recursos de governo".[57] Por isso, o *momento jacobino* é um tempo em que os discursos emudecem, as habilidades de convencimento refluem e a disputa pelos símbolos unificadores se esmaecem. O que resta no campo de batalha é apenas o claro emprego de força para dirimir, de uma vez por todas, o monopólio territorial da coerção e o monopólio nacional da legitimidade.

O *momento jacobino* na revolução cubana foi a batalha de Girón (invasão da Baía dos Porcos); no governo de Salvador Allende, o golpe de Estado de Pinochet; na revolução bolivariana da Venezuela, a paralisação de atividades da PDVSA e o golpe de Estado em 2002 e, no caso da Bolívia, o golpe de Estado cívico-prefeitural de setembro de 2008. Em todas essas revoluções, o governo já estava nas mãos dos revolucionários e se apresentavam diversos tipos de "governo dividido",[58] com alguma das câmaras legislativas ou dos governos regionais em poder do bloco conservador. Porém, o que é mais importante, a força beligerante ainda tinha um projeto de poder, uma vontade de domínio e algumas estruturas reticulares de poder

---

[57] Marx, C., "Resumen del libro de Bakunin *Estatalidad y Anarquía*" [Resumo do libro de Bakunin *Estatalidade e Anarquia*], em Marx, C., y Engels, F., *Obras Fundamentales*, t. 16, p. 481. México: FCE, 1988.

[58] Ver Jones, M., *Electoral Laws and the survival of presidential democracies* [*Leis eleitorais e a sobrevivência das democracias presidenciais*]. Notre Dame: University of Notre Dame Press, 1995.

O QUE É UMA REVOLUÇÃO?

político, a partir dos quais tentava reorganizar uma base social de apoio, a defesa de suas estruturas de propriedade econômica e o apoio de meios armados (legais ou ilegais, internos ou externos) para retomar o mais rápido possível a luta pelo poder de Estado. Então, inevitavelmente emerge um choque aberto de forças ou, pelo menos, de medição de forças de coerção, do qual só pode ter como resultado a derrota militar ou a abdicação de uma das forças sociais beligerantes, ou seja, a unicidade ou o monopólio final da coerção do Estado.

O *momento jacobino* ou também "leninista" – porque Lenin foi um mestre neste tipo de operação política – é, em última instância, o momento definidor da unicidade do poder de Estado, a partir do qual se terá, na mente das pessoas, nas instituições de governo e nas próprias classes derrotadas, um só projeto estatal. Portanto, a força derrotada entra em situação de debandada ou de desorganização e, o pior, de perda de fé em si mesma. Não é que as classes derrotadas desapareçam; o que desaparece, por um bom tempo, é sua organização, sua força moral, sua proposta de país diante da sociedade.

Materialmente são classes em processo de dominação, mas fundamentalmente deixam de ser sujeitos políticos. Consolidar essa derrota depende das forças sociais vitoriosas darem golpes pontuais no regime de propriedade dos grandes meios de produção, enfraquecendo suas estruturas organizativas na sociedade civil, incorporando suas bandeiras no projeto vitorioso, recrutando quadros administrativos, promovendo os diversos tipos de transformismo político[59] da antiga *intelligentsia* etc., dando lugar a uma nova fase de irradiação da hegemonia correspondente ao período de estabilização do novo poder.

---

[59] Ver Gramsci, A., *Cadernos do cárcere*, v. 5. Rio de Janeiro: Civilização Brasileira, 2002.

A importância desse momento "jacobino-leninista" radica em instituir, de forma duradoura, o monopólio da coerção, dos impostos, da educação pública, da liturgia do poder e da legitimidade político-cultural. A contrapartida desta vitória sobre as forças conservadoras é a concentração do poder que, se não for continuamente regulada, afeta as estruturas sociais de poder plebeias que a princípio haviam dado início ao processo revolucionário. A concentração e a unicidade real do poder significam que o poder político das velhas classes abastadas foi derrotado. No entanto, a contradição de tudo isso é que a democratização do poder nas estruturas populares, operárias, camponesas, juvenis ou de bairro que iniciaram o processo revolucionário também sejam afetadas por esse destino automático do Estado (de qualquer Estado) de concentrar e impor sua unicidade. A importância de concentrar o poder frente às antigas classes dominantes e, simultaneamente, distribuí-lo entre as classes trabalhadoras, a longo prazo, define o curso da revolução.

Em todo caso, ao *momento gramsciano* de construção de hegemonia político-cultural que erige o poder político das classes insurgentes da revolução – uma vez conquistado o governo, pela via democrática – sobrevém uma batalha aberta de forças, *o momento jacobino-leninista*, que resolve de maneira duradoura a unicidade do poder de Estado. Sem este momento imprescindível, a estratégia gramsciana poderá ser cercada internamente e, mais cedo ou mais tarde, expulsa do poder político sob a forma de uma contrarrevolução vitoriosa que arrasará despoticamente com todo o avanço organizativo e democratizante conseguido pelas classes sociais plebeias. Assim, toda revolução com um *momento gramsciano* sem um *momento leninista* é uma revolução truncada, fracassada. Não há revolução verdadeira sem *momento gramsciano* de triunfo político, cultural e moral, antes da tomada do poder estatal. Mas também não existe unicidade de poder do Estado nem dissolução das antigas classes governantes como sujeitos portadores de um projeto de poder beligerante, sem a resolução apresentada pelo *momento leninista*.

A revolução soviética será o laboratório mais extraordinário e dramático desta contradição viva entre centralização e democratização que define o destino desta e de qualquer outra revolução contemporânea.

Democracia local ou democracia geral. Democratização ou monopolização de decisões

A eclosão da revolução faz explodir as hierarquias do velho sistema social, inclusive as militares. Os sovietes de soldados e camponeses e os Comitês Militares nos quartéis, que não reconhecem a autoridade militar para substituí-la por assembleias, mostram a radicalidade e extensão da derrocada do velho poder estatal, constituindo-se no ponto de apoio para o fortalecimento das greves e conselhos de operários nas fábricas. Cada quartel, região e cidade se desenvolve como um mini-Estado com sua própria e autônoma força de coerção. Apesar disso, durante a guerra civil desencadeada imediatamente, frente aos regimentos disciplinados e hierarquizados da contrarrevolução, apoiados por tropas estrangeiras invasoras, as tropas revolucionárias se mostram inferiores taticamente, frágeis diante da força antagônica e presa fácil da debandada diante das primeiras derrotas.[60] A excessiva democracia dentro do instrumento de coerção armada, inicialmente necessária para desmoronar a autoridade do velho Estado, agora o arrasta à iminente derrota diante da contrar-

---

[60] Figes, O., *op. cit.*

revolução. A necessidade de impor a disciplina militar e de restabelecer hierarquias (acompanhadas, claro, de comissários políticos à frente da formação política da tropa) faz com que o Exército Vermelho retome a iniciativa e derrote a invasão estrangeira e os exércitos contrarrevolucionários. A defesa da revolução triunfa, mas à custa da redução da democracia nos quartéis. Algo similar ocorre nos sovietes camponeses, nos sovietes e sindicatos operários. O núcleo da revolução é constituído quando os produtores diretos, operários e camponeses, iniciam o desmonte das antigas relações de poder produtivo. Isso acontece quando os latifundiários são expulsos e os sovietes de camponeses ocupam as terras e as distribuem internamente entre os membros da comunidade agrária.

Do mesmo modo, a qualidade operária da revolução desponta quando os comitês de fábrica assumem o controle do funcionamento das empresas para impedir a demissão de operários, o fechamento da empresa ou a perda de direitos trabalhistas.

No entanto, no momento em que cada fábrica começa a atuar por sua conta, a se fixar apenas no bem-estar de seus trabalhadores sem considerar o bem-estar dos demais trabalhadores de outras fábricas e dos habitantes das cidades ou dos camponeses; no momento em que os sovietes de camponeses se preocupam apenas com o abastecimento de seus membros deixando de lado os trabalhadores das cidades que estão sem alimento; ou seja, o momento em que cada instituição democrática operária preocupa-se apenas consigo mesma sem levar em conta o conjunto dos trabalhadores e cidadãos do país, produz-se uma hecatombe econômica que paralisa o intercâmbio de produtos e potencializa os egoísmos entre setores que desconsideram os outros, levando à redução da produção, fechamento de empresas, perda de trabalho, escassez, fome e o mal-estar contra o próprio processo revolucionário.

Então, a curto prazo, a democracia local, desvinculada da democracia global (geral) em todo o país, conduz a uma paralisação produtiva que impele os próprios trabalhadores a ver como inimiga a revolução que todos, em seu conjunto, ajudaram a construir. Mais do que o excesso de democracia em cada comunidade ou fábrica, trata-se da ausência de uma democracia geral, articuladora de todos os locais de trabalho, capaz de orientar as iniciativas e necessidades de cada um deles, de cada comunidade agrária ou fábrica, com as necessidades e iniciativas dos demais centros de trabalho de todo o país. Essa discordância entre dimensões territoriais da democracia trabalhadora é o que provoca, entre os próprios trabalhadores em âmbito local, o surgimento do mal-estar, do desconforto e da hostilidade contra a própria revolução que conseguem construir. Até onde ampliar ou restringir a democracia local? Como criar modos de participação democrática geral que permita uma experiência operária e camponesa de articulação de iniciativas de todas as fábricas, das comunidades rurais e bairros? Aí reside o núcleo da continuidade da revolução e do socialismo. De fato, o comunismo representa a possibilidade de uma articulação geral a partir do local, sem qualquer tipo de mediação; a extinção do Estado que, a longo prazo, nada mais é que a realização final da revolução.

A impossibilidade temporária ou a lentidão de articulação nacional, geral e rápida entre todos os centros de trabalho operário e as comunidades rurais, está presente em todas as revoluções sem exceção. É como se nos momentos iniciais da revolução, a capacidade de auto-organização direta dos trabalhadores alcançasse apenas os locais de trabalho e as comunidades de forma separada, isoladas e inclusive confrontadas entre elas, revelando assim os limites da experiência social e o peso do passado localista na ação revolucionária dos trabalhadores. Aparentemente, ainda não existem as condições materiais para uma autounificação política direta – sem mediação – dos próprios trabalhadores, capaz de possibilitar um planejamento geral e direto entre eles. Então, diante do risco de que sua própria obra revolucionária os devore ou os leve a um confronto encadeado de egoísmos e localismos autodestrutivos, fechando as portas de uma entrada vitoriosa, militar e moral, torna-se necessária a constituição de uma organização que assuma a gestão do geral, que unifique as ações locais em direção a um caminho, que incentive as fábricas e as comunidades a se ajudarem mutuamente e que, ao fazê-lo, mantenham a revolução.

A presença desta organização especializada no universal, na administração do geral, é o Estado. E, no caso da organização que administra os assuntos comuns e gerais das ações dos trabalhadores, é o Estado revolucionário que, por fim, através de sua centralização, protege a revolução do colapso econômico e dos egoísmos localistas, embora à custa de substituir a auto--unificação dos trabalhadores pela administração monopólica desta organização (que apesar de ser composta pelos próprios trabalhadores, nasce de suas lutas e tem o olhar posto em defendê-los, também se constitui em um organismo especializado de concentração de decisões).

O paradoxo de qualquer revolução é que ela existe porque os trabalhadores rompem as hierarquias, a dominação e assumem a administração de suas vidas; mas eles não conseguem fazê-lo em escala nacional, geral. E uma revolução se defende somente se puder atuar em âmbito nacional, tanto contra a conspiração interna das velhas classes dominantes quanto contra a guerra externa das potências mundiais. Mas isso só se consegue mediante um organismo que começa a monopolizar as decisões (o Estado), em detrimento da democracia local da própria revolução. Este fetichismo do Estado revolucionário e,

O QUE É UMA REVOLUÇÃO?

em geral, de todo Estado, não pode ser superado proclamando sua "supressão", o reinado da anarquia, ou o que quer que seja.

A força dos fatos impõe uma derrota da revolução devido às dissensões internas dos trabalhadores e o assédio unificado da contrarrevolução, ou a constituição de um Estado revolucionário que vá monopolizando as decisões em detrimento do disperso e debilitante democratismo local.

Se a defesa da revolução enfraquece em excesso a democracia local, sua energia interna se perde pela asfixia centralizadora; e se a centralização nacional enfraquecer, é sufocada pelo ataque centralizado da contrarrevolução. Portanto, a administração desta lógica paradoxal deve ser feita, segundo a correlação de forças, reforçando um dos polos frente ao outro, sem anulá-lo, pois essa é a única maneira de manter vivo o curso da revolução frente ao ataque contrarrevolucionário, mas também frente à fragmentação autocentrada do pluralismo local. Enquanto não forem modificadas as condições materiais da produção do vínculo político entre as pessoas, como participantes de uma comunidade real que assumem diretamente a gestão dos assuntos comuns de toda a sociedade, a mediação estatal será necessária. No entanto, a constituição dessa comunidade real geral, em substituição da "comunidade ilusória"[61]

---

[61] "E é precisamente por essa contradição do interesse particular e do interesse comunitário que o interesse comunitário assume uma organização [*Gestaltung*] autônoma como *Estado*, separado dos interesses reais dos indivíduos e do todo, e ao mesmo tempo como comunidade ilusória, mas sempre sobre a base real [*realen Basis*] dos laços existentes em todos os conglomerados de famílias e tribais – como de carne e sangue, de língua, de divisão do trabalho numa escala maior e demais interesses – e, especialmente, como mais tarde desenvolveremos, das classes desde logo condicionadas pela divisão do trabalho e que se diferenciam em todas essas massas de homens, e das quais uma domina todas as outras". Marx, K. e Engels, F., "Feuerbach. Oposição entre as concepções materialistas e idealistas", I capítulo de *A ideologia alemã*. São Paulo: Expressão Popular, 2009, p. 47.

estatal, depende da construção de uma comunidade real de produtores livremente associados que administrem em escala social universal seus meios de vida materiais, ou seja, depende da superação da lei do valor que unifica os produtores não de maneira direta, mas abstrata, por meio do trabalho humano abstrato. Finalmente, a necessidade temporária de um Estado revolucionário está ancorada na persistência da lógica do valor de troca na vida econômica das pessoas. E a existência de um Estado revolucionário, que em si mesmo é uma antinomia, é ao mesmo tempo o caminho necessário e obrigatório para dar curso à revolução, até o momento em que a contradição se dissolva em uma nova sociedade.

Forma dinheiro e forma Estado

A *forma dinheiro* tem a mesma lógica constitutiva que a *forma Estado*, e historicamente ambas correm paralelas alimentando-se mutuamente. Tanto o dinheiro como o Estado recriam âmbitos de universalidade ou espaços de sociabilidade humanas. No caso do dinheiro, este permite o intercâmbio de produtos em escala universal e, com isso, facilita a realização do valor de uso dos produtos concretos do trabalho humano, que se plasma no consumo (satisfação de necessidades) de outros seres humanos. Sem dúvida esta é uma função de sociabilidade, de comunidade. No entanto, realiza-se a partir de uma abstração da ação concreta dos produtores, validando e consagrando a separação entre eles, que concorrem para suas atividades como produtores privados. A função do dinheiro emerge desta fragmentação material entre os produtores/possuidores, a reafirma, se sobrepõe a eles e, a longo prazo, os domina em sua própria atomização/separação como produtores/possuidores privados; embora só consiga fazer tudo isso e reproduzir esse fetichismo porque simultaneamente recria sociabilidade e sedimenta comunidade, mesmo quando se trata de uma sociabilidade abstrata, de uma "comunidade ilusória" fracassada, que funciona na ação material e mental de cada membro da sociedade. Da mesma forma, o Estado dá coesão aos membros de uma sociedade, reafirma um pertencimento e alguns recursos comuns a todos eles, mas o faz a partir de uma monopolização (privatização) do uso, gestão e usufruto desses bens comuns.

No caso do dinheiro, esse processo acontece porque os produtores não são participantes de uma produção diretamente social que lhes permitiria ter acesso aos produtos do trabalho social sem sua mediação, mas como simples satisfação das necessidades humanas. No caso do Estado, se dá porque os cidadãos não são membros de uma comunidade real de produtores que produzem seus meios de existência e de convivência de maneira associativa, vinculando-se entre si de maneira direta, mas sim através do Estado. Por isso, é possível afirmar que a lógica das formas do valor e do fetichismo da mercadoria, descrita magistralmente por Marx no primeiro tomo de *O capital*,[62] é, sem dúvida, a profunda lógica que também dá lugar à *forma Estado* e a sua fetichização.[63]

Em síntese, a proteção da revolução contra o ataque das classes abastadas precisa do Estado revolucionário para assumir, temporária e apenas temporariamente, essa articulação nacional, essa unificação geral e essa visão global do movimento entre os diferentes setores sociais; para garantir o funcionamento das fontes de trabalho, a circulação de bens materiais e, com

---

[62] Ver o Capítulo I: A mercadoria, em Marx, K., *O capital*, t. I, vol. 1. Rio de Janeiro: Civilização Brasileira, 2012.

[63] É possível afirmar, de maneira categórica, que o núcleo da teoria marxista sobre o Estado e o poder é a teoria das formas do valor tratada no capítulo primeiro de *O capital*.

ÁLVARO GARCÍA LINERA

isso, a proteção e defesa da revolução contra seus detratores, mas, fundamentalmente, do passado que se amontoa na cabeça dos revolucionários que "recordam" que antes viviam melhor. O que os bolcheviques fizeram ao assumir o controle dos sovietes depois de outubro de 1917, ao começar a fundi-los com o Estado, ao deslocar "o centro do poder industrial dos comitês de fábrica e dos sindicatos para o aparelho administrativo do Estado",[64] foi precisamente isso. A frenética preocupação posterior de Lenin, em seu debate contra Stálin e Trotsky, sobre os limites da centralização estatal em detrimento da democracia local, no caso das nacionalidades,[65] da federação ou dos sindicatos[66] nas empresas definirá o futuro da revolução soviética e o que será entendido por socialismo como resultado da experiência prática das classes trabalhadoras.

Enfim, parece ser uma regra universal que os processos revolucionários são excepcionalidades presentes na longa história de todas as nações modernas. E isso requer um trabalho paciente e imaginativo de "guerra de posições" ideológico-cultural, a fim de abrir fissuras no âmbito da sociedade civil e do Estado, que possam contribuir para o excepcional surgimento de uma época revolucionária. É também uma regra universal que a liderança político-ideológica se constitua na vitória inicial e fundamental a ser alcançada no processo revolucionário antes da "tomada do poder", característica que justamente oferece a qualidade de ser uma construção do poder político de baixo para cima. Aí está Gramsci e o alcance de seu pensamento.

---

[64] Figes, O., *op. cit.*, p. 685.

[65] Lenin, V. I., "Últimas cartas y artículos de V. I. Lenin" (22 de dezembro de 1922-2 de março de 1923), em *OC*, t. 36, p. 471-490 [no Brasil, publicada em Netto, J. P. (org), *op. cit.*] Também, Pipes, R., *op. cit.*, p. 554.

[66] Lenin, V. I., "Los sindicatos, la situación y los errores del camarada Trotsky" [Os sindicatos, a situação e os erros do camarada Trotsky] (30 de dezembro de 1920), em *OC*, t. 34, p. 288-289.

O QUE É UMA REVOLUÇÃO?

No entanto, uma vez conquistada democraticamente a institucionalidade do Estado, esta será efêmera e materialmente impotente frente à contrarrevolução despótica se não for assegurada a unicidade do novo poder e a derrota plena do poder conservador. Esse é Lenin e a influência de seu pensamento. E daí, novamente a construir, expandir, reatualizar e sedimentar as novas estruturas mentais de tolerância lógica e moral da sociedade emergente da revolução. Mas isso, mais do que Gramsci outra vez, é Durkheim.

REVOLUÇÃO E SOCIALISMO

A Revolução Soviética foi uma revolução socialista? O que é uma revolução socialista? E, finalmente, o que é socialismo? A última pergunta nos remete a um velho debate que remonta ao início das primeiras correntes socialistas do século XIX. O próprio *Manifesto Comunista* tem uma seção dedicada à crítica de várias das tendências socialistas existentes em sua época,[1] desde a feudal, clerical, pequeno burguesa e, inclusive, a burguesa. Por outro lado, em um prólogo posterior, Engels aponta que em 1847 o socialismo designa um movimento burguês, enquanto o comunismo se refere a um "movimento proletário".[2] Por isso, Marx e Engels preferem chamar a corrente que promovem simplesmente como "comunista"[3] e, às vezes, como "socialismo revolucionário"[4] ou "socialismo crítico".[5] Em seus textos mais importantes publicados em vida, Marx se refere exclusivamente ao comunismo como uma sociedade de

---

[1] Ver o capítulo III (Literatura socialista e comunista) de Marx, K. e Engels F., *Manifesto do Partido Comunista*, *op. cit.*

[2] Engels, F., "Prefacio a la segunda edición rusa de 1882" [Prefácio à segunda edição russa de 1882], em Marx, C. y Engels, F., "Manifiesto del Partido Comunista", Moscú: Editorial Progreso, 1974, p. 101.

[3] Ver Marx, K. e Engels, F., *Manifesto do Partido Comunista*, *op. cit.* E também Marx, K. e Engels, F., *A ideologia alemã*, *op. cit.*

[4] Marx, K., "As lutas de classes na França de 1848-1850", *op. cit.*, p. 174.

[5] Ver Marx, K., *Miséria da filosofia. Resposta à Filosofia da miséria de P. J. Proudhon*. São Paulo: Expressão Popular, 2009.

O QUE É UMA REVOLUÇÃO?

"produtores livremente associados",[6] que supera as contradições e injustiças da sociedade capitalista.

A ideia do socialismo como um período social anterior ao comunismo é difundida principalmente por Engels,[7] apoiado pela diferenciação que Marx faz entre revolução social e revolução política[8] e suas reflexões sobre a "primeira fase da sociedade comunista, tal como acaba de sair da sociedade capitalista ... [e] a fase superior da sociedade comunista".[9]

A formação do partido social-democrata, tanto na Alemanha como nos demais países europeus, confere uma maior amplitude ao conceito de socialismo como um regime social intermediário entre o capitalismo e o comunismo.[10] Lenin, membro do partido social-democrata russo, resgata e desenvolve essa herança

---

[6] "A estrutura do processo vital da sociedade, isto é, do processo de produção material, só pode desprender-se do seu véu nebuloso e místico no dia em que for obra de homens livremente associados, submetida a seu controle consciente e planejado". Marx, K., *O capital*, t. I, vol. 1, Rio de Janeiro: Civilização Brasileira, 2012, p. 88. Também em sua descrição da Comuna, Marx afirma que com ela se pretendia abolir "toda essa propriedade de classe que transforma o trabalho de muitos na riqueza de poucos", que a "aspirava à expropriação dos expropriadores. Queria fazer da propriedade individual uma realidade transformando os meios de produção, terra e capital, agora principalmente meios de escravizar e explorar o trabalho, em meros instrumentos de trabalho livre e associado". Marx, K. "A guerra civil na França", *in: A revolução antes da revolução* vol. II, *op. cit.*, p. 412.

[7] Engels, F., *Anti-Dühring*, Seção Terceira: Socialismo. Rio de Janeiro: Paz e Terra, 1976.

[8] Ver Marx, K., *Miséria da filosofia...*, *op. cit.*

[9] Marx, K. *Crítica do programa de Gotha*, em Antunes, Ricardo (org.). *A dialética do Trabalho*: escritos de Marx e Engels. São Paulo: Expressão Popular, 2013, p. 109. Este texto também é conhecido como "Glosas marginais ao programa do partido operário alemão".

[10] Ver Kaustky, K., *O caminho do poder*. São Paulo: Hucitec, 1979; Bebel, A., *La mujer y el socialismo [A mulher e o socialismo]*. Madri: Akal, 1977; Luxemburgo, R. *Reforma ou revolução?* São Paulo: Expressão Popular, 2003; Korsch, K. "O que é a socialização", *in*: Pinheiro, M. e Martorano, L. (org.) *Teoria e prática dos conselhos operários*. São Paulo: Expressão Popular, 2013.

conceitual.[11] Hoje, como luto pela derrubada do Muro de Berlim, há quem proponha o abandono do conceito de socialismo como uma maneira de superar precisamente o fracasso de uma revolução que concentrou os poderes no Estado, impôs uma centralização do capital e reduziu a liberdade da sociedade.[12] Certamente, na atualidade o conceito de socialismo está desacreditado, não apenas pelos efeitos da queda dos chamados "socialismos reais", mas também pela fraude política dos chamados partidos "socialistas" que, tanto na Europa quanto em alguns países da América Latina, simplesmente legitimaram e administraram com extraordinária eficiência as políticas de espoliação social do neoliberalismo. Por isso que ultimamente o conceito de comunismo vai adquirindo uma maior notoriedade como horizonte radical alternativo ao capitalismo.[13]

No entanto, a pergunta crucial é: qual é o regime de transição nacional ou regional entre o modo de produção capitalista, cuja medida geopolítica é planetária, e outro modo de produção, cuja medida geopolítica também só pode ser planetária?

É sabido que o capitalismo engendra infinitas desigualdades, injustiças e contradições, embora nenhuma delas automaticamente o conduza ao seu fim; ao contrário, o capitalismo tem demonstrado uma capacidade incomum para subsumir formal e verdadeiramente à sua lógica as condições de vida das

---

[11] Ver Lenin, V. I., "Aos pobres do campo: explicação aos camponeses daquilo que querem os sociais-democratas". *In: Obras Escolhidas em seis tomos*. Lisboa: Avante!, 1986, t.1, p. 38-102 e "Proyecto de programa del partido obrero socialdemócrata de Rusia" (janeiro-fevereiro de 1902), em *OC*, t. 6, p. 385-459 e 43-50.

[12] Ver Negri, T., *Adeus, Sr. Socialismo*. Porto: Ambar, 2007.

[13] Ver Badiou, A., *A hipótese comunista*. São Paulo: Boitempo, 2012; Ali, T., *La idea de comunismo* [*A ideia de comunismo*]. Madri: Alianza Edityorial, 2012; Dean, J., *El horizonte comunista* [*O horizonte comunista*]. Barcelona: Bellaterra Ediciones, 2013; Bosteels, B., *The actuality of communism* [*A atualidade do comunismo*]. Londres: Verso, 2014.

O QUE É UMA REVOLUÇÃO?

sociedades,[14] convertendo suas contradições e limites temporários no combustível de sua reprodução ampliada. Apesar disso, sem dúvida, as injustiças e disponibilidades coletivas não ocorrem de maneira homogênea em todos os países. Alguns têm maior capacidade de compensação econômica do que outros em face de crises recorrentes; algumas nações acumularam maiores experiências organizativas e capacidades culturais autônomas do que outras. Portanto, lutas, resistências, iniciativas sociais e revoluções acontecem – e continuarão a acontecer – de maneira excepcional e dispersa em alguns países e não em outros.

Até hoje, a história real verificada – não aquela que emerge dos desejos bem-intencionados de algum reformador ideal do mundo – mostra que essas contradições, injustiças e frustrações se condensam em um dado momento, em um dado território, explodindo de maneira surpreendente e excepcional no "elo mais fraco" da cadeia do capitalismo mundial, dando origem a um fato revolucionário. Em geral, esse elo se rompe em um país ou, às vezes, em um grupo de países, mas nunca de maneira planetária; e frequentemente, nas "extremidades do corpo burguês",[15] que são os lugares onde, mais lentamente, o corpo

---

[14] Sobre a importância do conceito de subsunção na compreensão crítica do capitalismo, ver o capítulo XIII: Maquinaria e grande indústria, em Marx, K., *O capital*, t. I, vol. 2. Rio de Janeiro: Civilização Brasileira, 2012. Do mesmo autor, *Capítulo IV inédito de O capital*. São Paulo: Centauro, 2010; *Para a crítica da Economia Política*. Manuscritos de 1861-1863. Belo Horizonte: Autêntica, 2010.

[15] "Por conseguinte, embora as crises deem primeiro origem a revoluções no continente, as razões das mesmas encontram-se sempre na Inglaterra. As manifestações violentas têm naturalmente de surgir mais cedo nas extremidades do corpo burguês do que no coração, uma vez que aqui a possibilidade do equilíbrio é maior do que ali. Por outro lado, o grau em que as revoluções continentais repercutem sobre a Inglaterra é ao mesmo tempo o termômetro em que se lê até que ponto essas revoluções põem realmente em causa as relações da vida burguesa, ou até que ponto só atingem as suas formações políticas". Marx, K., "As lutas de classes na França de 1848-1850", *op. cit.*, p. 184-185.

planetário do capital pode reagir e compensar os desequilíbrios e contradições gerados continuamente pela sua lógica de acumulação.

As formas dessas rupturas históricas da ordem mundial são muito diversas e nunca se repetem. Podem surgir por motivos econômicos como a fome, o desemprego, a contração da capacidade de gasto da população, o bloqueio nos processos de rearranjo de classes sociais; ou por razões políticas, como uma crise estatal, uma guerra, uma repressão que rompe a tolerância moral dos governados, uma injustiça etc.

Certamente, qualquer que seja o processo revolucionário, se em longo prazo ele não se espalha a outros países e continentes, termina esgotando seu ímpeto de massas, termina sendo cercado internacionalmente, suportando enormes sacrifícios econômicos por parte de sua população e, finalmente, perece de maneira inevitável. Obrigada a defender-se a todo custo – como Rosa Luxemburgo já havia alertado – a revolução russa o faz pagando o preço de centralizar cada vez mais as decisões e sacrificar o livre fluxo da criatividade revolucionária do povo.[16] Assim, a energia revolucionária é novamente integrada de maneira real à lógica da acumulação ampliada do capital. Mas se nada for feito; se não são entregues todas as energias sociais, todas as capacidades humanas e toda a criatividade comunitária para alcançar, consolidar e expandir a revolução, a acumulação do capital é rapidamente consagrada arrastando atrás de si o sofrimento de milhões de pessoas e não apenas isso, mas – o que é pior – o faz sob o olhar contemplativo e cúmplice dos desertores sociais que continuarão saciados com suas especulações ociosas sobre uma "verdadeira revolução mundial" cuja

---

[16] Luxemburgo, R., *Rosa Luxemburgo ou o preço da liberdade*. São Paulo: Expressão Popular, 2015, p. 151-188.

eficácia irradiadora serve apenas para remover a xícara de café que têm diante de si.

Há quem gostaria de fazer muitas coisas na vida, mas a vida simplesmente nos permite fazer algumas coisas. Alguns desejariam que a revolução fosse tão diáfana, pura, heroica, planetária e bem-sucedida quanto possível – e é muito bom trabalhar para isso –, mas a história real nos apresenta revoluções mais complicadas, arrevesadas e arriscadas. Não se pode adaptar a realidade às ilusões, ao contrário, deve-se adequar as ilusões e as esperanças à realidade, a fim de aproximá-las o máximo possível, moldando e enriquecendo essas ilusões baseadas no que a vida real nos oferece e nos apresenta.

Portanto, a este período histórico de inevitáveis e esporádicas eclosões sociais revolucionárias, capazes de suscitar, de um modo ou de outro, a superação de algumas ou de todas as injustiças geradas pelo capitalismo; a esses momentos históricos que despertam na ação da sociedade trabalhadora formas de participação política chamadas a absorver as funções monopolistas do Estado dentro da sociedade civil; que produzem iniciativas capazes de suprimir a lógica do valor de troca como forma de acesso às riquezas materiais; a tudo isso, devemos atribuir um nome, um nome que não seja propriamente comunismo, já que falamos de ilhas ou arquipélagos sociais que dão lugar a uma nova ordem econômica social planetária, como objetivamente terá que ser o comunismo. São lutas fragmentadas, de revoluções nacionais ou regionais em andamento, que buscam sustentá-lo, mas que ainda não são o comunismo. É a fluidez social que "brota da própria sociedade capitalista", que contém em si o próprio capitalismo, mas também as lutas econômicas e políticas que o negam de maneira prática, em escala local, nacional ou regional. A esta "primeira fase" – segundo Marx – que não é capitalismo nem comunismo em sua plenitude, mas a luta nua e crua entre o capitalismo e o comunismo, pode ser dado um nome provisório, mas necessariamente distinguível: socialismo, socialismo comunitário etc.

No entanto, como podemos distinguir as revoluções, levantes e revoltas que combatem o capitalismo daqueles que procuram reformá-lo? Na realidade, a fronteira entre uns e outros é inexistente. A revolução soviética mostrou que a luta contra o capitalismo começou como uma luta por reformas. As palavras de ordem mobilizadoras de "paz, pão, liberdade, terra"[17] não falavam do comunismo ou do socialismo. Em maio de 1917, quando o comandante-em-chefe do Exército russo, Brusilov, visitou a Divisão de Soldados que havia expulsado os oficiais, ele perguntou o que eles queriam: "Terra e Liberdade", gritaram todos. "E o que mais?" A resposta foi simples: "Nada mais!".[18] Inclusive a palavra de ordem "todo poder aos sovietes" foi uma bandeira democrática. O que acontece é que a população nunca luta nem se mobiliza por abstrações. Há muitos séculos e até os dias de hoje a população se reúne, debate, entrega seu tempo, esforço e compromisso, se mobiliza, luta etc., por coisas práticas que a afetam e que provocam sua indignação: o pão, o trabalho, as necessidades básicas, o abuso, a repressão, o reconhecimento, a participação etc.; todas elas são necessidades de caráter democrático. Mas é justamente na conquista dessas necessidades ou modo de ação coletiva que a própria população não só se decanta em sujeitos mobilizados: proletários, camponeses, plebeus, multidão, povo etc.; mas além disso constrói, na caminhada, os meios para fazê-lo: assembleias, conselhos, sovietes, comunas. E, a partir dessa experiência, vai propondo, em uma cadeia de condicionantes

---

[17] Lenin, V. I., "Cartas de longe", *op. cit.*, p. 127.
[18] Figes, O., *op. cit.*, p. 466.

O QUE É UMA REVOLUÇÃO?

gradativamente mais radicais, novas medidas que modifiquem a natureza social da insurreição popular até levantar questões como poder de Estado, a propriedade da riqueza, formas de gestão dessas riquezas. Esse potencial criativo da ação coletiva está simbolizado na frase: "toda greve esconde a hidra da revolução".[19] Mas isso não significa que de cada greve se possa passar imediatamente à revolução – o próprio Lenin nos previne contra essa fraseologia[20] – significa que, sob determinadas circunstâncias de excepcional condensação de contradições, os grandes objetivos e as grandes lutas de classes surgem de demandas coletivas pequenas e relativamente simples.

Em meados de junho de 1917 – comenta Figes –, somente em Petrogrado mais de meio milhão de trabalhadores se declararam em greve:

> A maioria das demandas dos grevistas eram econômicas. Queriam salários mais altos para resistir à inflação e fornecimento de alimentos mais confiáveis. Queriam melhores condições de trabalho [...]. No entanto, no contexto de 1917, quando toda a estrutura do Estado e do capitalismo estava sendo redefinida, as demandas econômicas eram inevitavelmente politizadas. O círculo vicioso de greves e inflação, de salários mais altos perseguindo preços mais altos, levou muitos trabalhadores a exigir que o Estado controlasse mais o mercado. A luta dos trabalhadores para conseguir controlar seu próprio ambiente de trabalho, sobretudo para evitar que seus patrões sabotassem a produção para manter seus lucros, os levou a exigir cada vez mais que o Estado se encarregasse da direção das fábricas.[21]

Os velhos conceitos leninistas de conteúdo de classe ("forças sociais da revolução"), organização de classe ("condição

---

[19] Lenin, V. I., "Sétimo Congresso extraordinário do PC (b) R (6-8 de março de 1918), em *Obras escolhidas em 6 tomos*, tomo 3. Lisboa: Avante!, 1977.
[20] *Ibid.*
[21] Figes, O., *op. cit.*, p. 415-416.

subjetiva") e objetivos de classe ("conteúdo socioeconômico" ou "condição objetiva")[22] descreverão a natureza social da revolução soviética que, certamente, não está definida de antemão e está sendo feita e refeita no próprio transcurso da ação. Isso significa que nenhuma revolução tem um conteúdo predeterminado, mas que o conteúdo emerge, se revela e se transforma com o próprio desdobramento em ação das forças sociais antagonizadas, porque sua natureza não depende apenas dos sujeitos populares constituídos, mas das ações das próprias classes dominantes questionadas.[23] Todo o debate entre bolcheviques e mencheviques sobre o caráter da revolução de 1905; as complicadas construções teóricas sobre a "revolução burguesa" dirigida pelo proletariado; a "ditadura revolucionária democrática do proletariado e do campesinato" que não completa a revolução democrática no meio rural;[24] a "revolução proletária" que entrega o poder à burguesia;[25] a primeira etapa da revolução proletária;[26] a revolução proletária que dá "passos ao socialismo"[27] ou a impossibilidade de conquistar a República e

---

[22] Lenin, V. I., "Duas tácticas da social-democracia na revolução democrática" (junho-julho de 1905), em *Obras Escolhidas em Três Tomos*, Tomo 1. Lisboa: Avante! 1977.

[23] "A coincidência desta incapacidade dos 'de cima' de administrar o Estado no velho estilo e a crescente relutância dos 'de baixo' a transigir com tal administração do Estado constitui precisamente o que se denomina (admitamos que não com toda exatidão) uma crise política em escala nacional". Lenin, V. I., "O receso de la Duma y los desconcertados liberales" (5 de julho de 1913), *OC*, t. 19, p. 508, tradução nossa.

[24] Lenin, V. I., "Cartas sobre táctica" (8-13 de abril de 1917), em *Obras Escolhidas em seis tomos*, t. 3. Lisboa: "Avante!", 1986, p. 120-131.

[25] Lenin, V. I., "La revolución en Rusia y las tareas de los obreros de todos los países" (março de 1917), em *OC*, t. 24, p. 390-394.

[26] Lenin, V. I., "As tarefas do proletariado na atual revolução". *In*: Netto, J. P. (org.), *op. cit.*

[27] Lenin, V. I., "A revolução proletária e o renegado Kaustky" (novembro de 1918), em *Obras Escolhidas em Três Tomos*. Lisboa: Avante!, 1977.

O QUE É UMA REVOLUÇÃO?

a democracia "sem se encaminhar para o socialismo";[28] falam da complexidade da Revolução de Outubro e de todas as revoluções que, em realidade, são relações sociais em estado ígneo e fluido, por isso é impossível estabelecer o momento em que um conteúdo de classe se consolida firmemente. A revolução como liquefação de relações sociais entrelaça, sobrepõe, enfrenta, articula e soma de maneira simultânea classes sociais objetivas, estruturadas, e somente a vontade organizada de um dos blocos sociais pode sobrepor determinados interesses coletivos sobre outros, destacando alguns conteúdos sociais da revolução sobre outros. No final, fruto da qualidade das estruturas de mobilização (os sovietes), das frustrações produzidas pelas decisões do governo provisório diante das massas trabalhadoras e de todo o trabalho para modificar a mentalidade dominante, a relação entre revolução democrática e revolução socialista consiste em que:

> ... a primeira transforma-se na segunda. A segunda resolve de passagem os problemas da primeira. A segunda consolida a obra da primeira. A luta, e só a luta, determina até que ponto a segunda consegue ultrapassar a primeira.[29]

Em meio a esse "caos criador", não se pode agir cegamente ou por um capricho teórico conceitual para definir a qualidade da revolução em andamento. Há referências universais que vão revelando a natureza social do processo revolucionário em curso. O modo de constituição dos sujeitos políticos, o modo de organização da ação coletiva e o modo de projeção da comunidade atuante estabelecem, no primeiro caso, o conteúdo de

---

[28] Lenin, V. I., "La catástrofe que nos amenaza y cómo luchar contra ella" [A catástrofe que nos ameaça e como lutar contra ela] (10-14 de setembro de 1917), em *OC*, t. 26, p. 442.

[29] Lenin, V. I., "Para o quarto aniversário da Revolução de Outubro" (outubro de 1921). *In:* Netto, J. P. (org.), *op. cit.*, p. 535.

classe ou a maneira de fusão das classes plebeias como sujeitos políticos atuantes; no segundo caso, o modo de participar e democratizar decisões para a ação coletiva; e, no terceiro caso, as metas e objetivos que a plebe em ação vai construindo, a partir de sua própria experiência de luta, para alcançar o que considera um direito, uma necessidade ou uma reparação moral. A partir disso, existem possibilidades de rebelião contra o capitalismo se os sujeitos constituídos como um bloco mobilizado forem os trabalhadores, os produtores de riqueza material e imaterial, os pobres, as comunidades camponesas e, em geral, a plebe subsumida pela acumulação ampliada do capital. Na medida em que o "trabalho vivo", em suas infinitas modalidades, é o que se constitui em sujeito político, há um potencial anticapitalista em movimento.

Da mesma forma, existem possibilidades de uma revolução social em marcha se os modos organizativos da plebe em ação ultrapassarem a casca fossilizada da democracia representativa e inventarem novas e mais ampliadas maneiras de participação plena das pessoas na tomada de decisões sobre os assuntos comuns. Existem tendências socialistas se a revolução gerar mecanismos que aumentem por ondas e exponencialmente a participação da sociedade no debate, nas decisões que a afetam; e, mais ainda, se essas decisões que tomam são tomadas visando o benefício coletivo, universal de toda a sociedade e não apenas em proveito individual ou corporativo. Finalmente, existe um anticapitalismo em ação se as decisões tomadas no âmbito da base material da sociedade e da economia buscam abrir brechas na lógica do "valor de troca" como ordem planetária e introduzem, com medidas práticas – pouco a pouco, avançando, fracassando e voltando a avançar – o "valor de uso" como modo de relacionamento das pessoas com as coisas (as riquezas) e das pessoas com as pessoas através das coisas.

O QUE É UMA REVOLUÇÃO?

Classe, grupo em fusão[30] e valor de uso constituem, portanto, as clivagens estruturais que abrem oportunidades históricas de uma nova sociedade.

O socialismo não é a estatização dos meios de produção

Nesta dramática aprendizagem do socialismo não como um modo de produção ou como regime, mas como um contraditório e condensado campo de lutas em que o Estado revolucionário desempenha um papel de liderança, mas não decisivo em todo o movimento, a revolução soviética é excepcional.

Após a insurreição de outubro, a primeira ação dos bolcheviques no momento de tomada do poder de Estado é nacionalizar as terras dos grandes fazendeiros, dividir as grandes fazendas para distribuí-las em pequenas parcelas camponesas,[31] nacionalizar algumas indústrias, estabelecer o monopólio estatal do cereal e nacionalizar os bancos.[32] É o cumprimento das medidas que haviam sido anunciadas pelos bolcheviques e debatidas nos sovietes. Com isso se democratiza o acesso aos meios de produção no campo, enquanto no âmbito da indústria e dos bancos, centraliza-se estatalmente a propriedade e a gestão. Lenin tinha consciência de que embora a estatização não representasse diretamente a socialização da produção, de qualquer modo, ela exigia uma articulação social com as demais empresas do país e o controle direto dessa forma de articulação[33] pelos trabalhadores; realmente constituía um meio

---

[30] Ver Sartre, J. P., *Crítica da razão dialética I*. Rio de Janeiro: DP&A, 2002.
[31] Pipes, R., *op. cit.*, p. 778-784.
[32] Bofa, G., *La revolución rusa* [*A revolução russa*]. t. 2. México: Era, 1976, p. 258.
[33] Lenin, V. I., Infantilismo de izquierda y la mentalidad pequeño burguesa" (maio de 1918), em *OC*, t. 29, p. 87 e seguintes. [Há edição em português: *"Infantilismo de esquerda e a mentalidade pequeno-burguesa"* (maio de 1918), em *Obras Escolhidas em Três Tomos*, t. 2. Lisboa: Avante!, 1978]

de expropriação de parte do poder econômico da burguesia e de sua concentração na administração do Estado.

Em 1918, em meio às agruras da guerra civil, dos ataques dos exércitos estrangeiros, da sabotagem econômica da burguesia, mas também com a convicção de que dessa maneira se aprofundavam as medidas socialistas,[34] se assume o que ficou conhecido como "comunismo de guerra". De acordo com Trotsky,

> ... [o comunismo de guerra] em seu conceito original buscou objetivos mais amplos. O governo soviético estava empenhado em transformar diretamente esses métodos de regulação em um sistema de economia planejada de distribuição e produção. Em outras palavras, a partir do (comunismo de guerra), confiava-se cada vez mais, embora sem romper com o sistema, em implantar um comunismo verdadeiro.[35]

Para garantir a alimentação nas cidades sob um sistema de controle estatal, todos os excedentes agropecuários que restavam após descontar o que era indispensável para a família camponesa são confiscados para sua distribuição planejada. E ao se requisitar os excedentes, não resta nada para ser comercializado, com o que simultaneamente suprime-se o comércio agrícola; mercados rurais são proibidos; suprime-se o dinheiro como meio de troca e é implantada a permuta regulada pelo Estado.[36] Prevenindo-se da resistência camponesa a essa expropriação e, com a perspectiva de promover o trabalho cooperativo, é promovida, a partir do Estado, a criação de fazendas coletivas em terras designadas por ele. Na esfera industrial--urbana, os sindicatos são militarizados a fim de garantir uma férrea disciplina de trabalho dos operários frente às hostilida-

---

[34] Ver Bukharin, N., *The path to Socialism en Russia*. [*O caminho para o socialismo na Rússia*]. New York: Omicron Books, 1967.

[35] Trotsky, citado em Pipes, R., *op. cit.*, p. 727-728.

[36] Pipes, R., *op. cit.*, p. 729.

O QUE É UMA REVOLUÇÃO?

des externas; ao mesmo tempo, a compra e venda de produtos entre empresas estatais é suprimida; e o intercâmbio de insumos é definido pela administração do governo. Ao mesmo tempo, é estimulada a ocupação de pequenas empresas pelos operários nos diferentes municípios e o salário é definido de maneira igualitária para todas as pessoas.[37] E naquilo que será um ataque direto à propriedade privada, a herança da propriedade torna-se ilegal.[38] De fato, a expropriação da propriedade das terras e das empresas pelo Estado move-se em direção a tentativas de suprimir parcialmente o mercado e até mesmo o dinheiro como meio de intercâmbio entre produtores e empresas. Falamos de uma medida imposta pelo Estado, que aparece não apenas como o grande proprietário, mas como meio de intercâmbio e de circulação de produtos. Analisemos isto mais de perto a fim de desvelar a força e o limite de uma medida tão audaciosa.

Claramente, essa decisão representa um esforço para substituir a lei do valor e o tempo de trabalho abstrato (valor de troca) como medida e meio de acesso a outros produtos do trabalho considerados úteis para outras pessoas (valor de uso); no entanto, não constitui uma superação econômica do valor de troca – tal como Marx a imaginou –,[39] mas uma coação

---

[37] Ver Serge, V., "O comunismo de guerra", em *O ano I da Revolução Russa*. São Paulo: Boitempo, 2017.

[38] Pipes, R., *op. cit.*, p. 728.

[39] "No entanto, à medida que a grande indústria se desenvolve, a criação da riqueza efetiva passa a depender menos do tempo de trabalho e do *quantum* de trabalho empregado que do poder dos agentes postos em movimento durante o tempo de trabalho, poder que – sua poderosa efetividade –, por sua vez, não tem nenhuma relação com o tempo de trabalho imediato que custa sua produção, mas que depende, ao contrário, do nível geral da ciência e do progresso da tecnologia, ou da aplicação dessa ciência à produção [...]. Nessa transformação, o que aparece como a grande coluna de sustentação da produção e da riqueza não é nem o trabalho imediato que o próprio ser humano executa nem o tem-

extraeconômica utilizada na tentativa de anulá-lo. Também não é o Estado que atua como um sujeito de decisões gerais e universais, mas alguns funcionários públicos definindo, a cada momento e de maneira pessoal, o modo de supressão da lógica do valor de troca por uma maneira subjetiva de entender o "valor de uso". Claro, no momento de "calcular" o que uma empresa "X" devia entregar a outra empresa "Y" pelo acesso a seus respectivos produtos, o cálculo e o critério subjetivo do funcionário estatal determina a magnitude do valor de uso intercambiado. Portanto, essa preponderância do valor de uso sobre o valor de troca não funciona como uma regra universal aplicada sob critérios universais, mas como uma norma universal aplicada sob critérios pessoais. Ou seja, o valor de uso é aqui basicamente uma vontade subjetiva e não uma relação social geral. Então, o valor de uso se sobrepõe ao valor de troca no cálculo da medida da riqueza intercambiável, como resultado de uma decisão, de um poder personalizado, isto é, como um modo de privatização não da propriedade, mas da gestão do modo de intercâmbio de riquezas.

---

po que ele trabalha, mas a apropriação de sua própria força produtiva geral, sua compreensão e seu domínio da natureza por sua existência como corpo social – em suma, o desenvolvimento do indivíduo social. *O roubo de tempo de trabalho alheio, sobre o qual a riqueza atual se baseia*, aparece como fundamento miserável em comparação com esse novo fundamento desenvolvido, criado por meio da grande indústria. Tão logo o trabalho na sua forma imediata deixa de ser a grande fonte da riqueza, o tempo de trabalho deixa, e tem de deixar, de ser a sua medida e, em consequência, o valor de troca deixa de ser [a medida] do valor de uso. *O trabalho excedente da massa* deixa de ser condição para o desenvolvimento da riqueza geral, assim como o *não trabalho dos poucos* deixa de ser condição do desenvolvimento das forças gerais do cérebro humano. Com isso, desmorona a produção baseada no valor de troca, e o próprio processo da produção material imediato é despido da forma da precariedade e contradição". Marx, K., *Grundrisse*. São Paulo: Boitempo, 2011, p. 587-588.

O QUE É UMA REVOLUÇÃO?

Por conseguinte, a "superação" da lei do valor na realidade representa uma coação gradualmente privada, privatizada nas decisões dessa "parte" da sociedade que se encontra nas funções de administração estatal. Embora essas decisões pessoais delegadas pelo poder do Estado não aumentem a riqueza pessoal do decisor (valor de troca que aumenta valor de troca de seu possuidor) e sejam executadas com o objetivo de buscar o bem-estar geral da sociedade, realmente aumentarão o poder político acumulado pelo decisor e por esse grupo ("parte") de administradores estatais. Em termos bourdianos,[40] nos encontramos frente a uma reconversão do "capital econômico" para uma forma de "capital político" apropriado pela burocracia estatal e não frente à supressão nem à superação da lei do valor, que é o núcleo do capitalismo moderno. No fundo, isto é o que se encontra em jogo nas diversas modalidades de capitalismo de Estado, com a diferença de que em alguns casos, busca-se a regulamentação estatal da reprodução ampliada do capital privado para reduzir os custos sociais da anarquia do mercado capitalista; enquanto em outros, como no caso da Rússia soviética, trata-se da transição necessária para expropriar rapidamente o poder econômico ("capital econômico") da burguesia e reconvertê-lo em "capital político" e, imediata e gradualmente, buscar democratizá-lo ou desvalorizá-lo cada vez mais para que finalmente deixe de ser um "capital político" cumulativo.

Todo o debate e as mudanças conceituais leninistas referentes ao "capitalismo de Estado" e sua relação com o "socialismo"[41]

---

[40] Ver Bourdieu, P., *Meditações pascalianas*. Rio de Janeiro: Bertrand Brasil, 2001.

[41] Ver Lenin, V. I., "Economía y política en la época de la dictadura del proletariado" [Economia e política na época da ditadura do proletariado] (30 de outubro de 1919), em *OC,* t. 32, p. 84-97; "La catástrofe que nos amenaza y cómo luchar contra ella" (10-14 de setembro de 1917), *op. cit.,* p. 403-448; "Sobre o imposto em espécie" (21 de abril de 1921), *op. cit.*

se resumem na complexidade política dessa reconversão forçada de poder econômico (capital econômico) das classes proprietárias – incluindo a camponesa – em poder político dos administradores do Estado (capital político) e a busca de caminhos e, sobretudo, de alianças necessárias para alcançar a extinção desse capital monopolizável e reintegrá-lo à sociedade como uma das funções a mais de administração executável por todos. Em termos leninistas: "o socialismo não é mais do que o monopólio capitalista de Estado *posto a serviço de todo o povo* e que, por isso, *deixou* de ser monopólio capitalista".[42] Mas essa via de grande expropriação e centralização da propriedade e da contabilidade econômica, que deveria levar à sua dissolução na sociedade, tem o efeito de unir o proletariado e o Estado contra os capitalistas e, também, contra os camponeses, que são proprietários e utilizam o mercado para realizar seu excedente. Portanto, enfrenta "a pequena-burguesia e o capitalismo privado, que lutam tanto contra o capitalismo de Estado como contra o socialismo".[43]

Três anos após essa jornada, a revolução soviética produz como resultado uma crescente fratura entre trabalhadores e camponeses e um desastre econômico que leva a indústria pesada a cair a 20% da produção de 1913; que 75% das locomotivas não funcionem; que o mercado negro se imponha à proibição do comércio; e que as maiores cidades percam 50% de seus habitantes.[44] Em menos de três anos, a inflação chega a dez mil por cento, o Produto Interno Bruto de 1920 alcança apenas 40% do seu nível em 1913; a produção industrial cai

---

[42] Lenin, V. I., "La catástrofe que nos amenaza y cómo luchar contra ella" (10-14 de setembro de 1917), *op. cit.*, p. 441.

[43] Lenin V. I., Infantilismo de izquierda y la mentalidad pequeño burguesa" (maio de 1918), em *OC*, t. 29, p. 90.

[44] Ver Werth, N., ¿*Qué sais-je? Histoire de l'Union soviétique de Lénine à Staline (1917-1953)*. [*O que sei? História da União soviética de Lenin a Stalin (1917-1953)*]. Paris: Presses Universitaires de France, 2013.

O QUE É UMA REVOLUÇÃO?

para 18% e a produtividade para 23%, enquanto a produção agrícola chega a 60% no mesmo período.[45] Petrogrado perde dois terços de seus habitantes que preferem ir ao campo em busca de fontes de alimentos.[46] Mas o pior de tudo é que, apesar de toda a radicalização das medidas contra o mercado, do uso de dinheiro e do valor de troca como medida da riqueza, na realidade, as relações capitalistas não tinham sido alteradas. Por isso Lenin, ao avaliar os resultados do chamado "comunismo de guerra" (que buscava acelerar a construção de relações socialistas na economia) admite o fracasso dessa tentativa e a inevitabilidade de permanecer "no terreno das relações capitalistas existentes".[47] Adiantando-se a Gramsci na utilização de categorias de estratégia militar, "guerra de posições" e "guerra de movimentos", no âmbito da luta social, afirma que havia cometido o erro de querer empreender a passagem imediata à produção e distribuição comunistas:

> Na primavera de 1921 ficou evidente que havíamos sofrido uma derrota em nossa tentativa de implantar os princípios socialistas de produção e distribuição mediante o 'assalto direto' [...]. A situação política [...] nos mostrou que [...] era inevitável [...] passar da tática do 'assalto direto' ao 'cerco'.[48]

Mas o que esse "assalto direto" significa? Expropriações estatais das grandes empresas industriais, dos excedentes da produção agrícola; a supressão do mercado pela coerção estatal; o pagamento salarial nivelado por decreto igualmente para todos. "Supúnhamos que introduzindo a produção estatal e a distribuição estatal, havíamos criado um sistema econômi-

---

[45] Pipes, R., *op. cit.*, p. 754-757.
[46] Figes, O., *op. cit.*, p. 666-670.
[47] Lenin, V. I., "VII Conferencia del partido de la provincia de Moscú" (29-31 de octubre de 1921), em *OC*, t. 35, p. 527-552.
[48] *Ibid.*, p. 539.

co de produção e distribuição diferente do anterior",[49] mas fracassamos – afirmará Lenin –; no final, o resultado foram novas "relações capitalistas". Em 1921, a autocrítica leninista será lapidar, mas exata no momento de anular estas medidas: apesar de todas as estatizações, a supressão do dinheiro e dos mercados, o capitalismo se mantém e "a expressão 'República Socialista Soviética' significa a decisão do poder soviético de realizar a transição para o socialismo, mas de modo algum o reconhecimento da atual ordem econômica como socialista".[50] Esta reflexão leninista é decisiva na hora de avaliar o imaginário programático da esquerda dos últimos cem anos. Até 1921, para os de esquerda – e provavelmente para Lenin –, a estatização dos meios de produção era a principal medida que separava o capitalismo do socialismo. É por isso que não existia nenhum programa, para qualquer partido político socialista ou comunista, que não estabelecesse a tarefa máxima de realizar a estatização da indústria, dos bancos, do comércio exterior etc. No entanto, a argumentação de Lenin a partir da experiência da revolução em marcha é que não importa quanta estatização possa ser feita, isso não implica um novo "sistema de produção e distribuição diferente"; além disso, essas estatizações continuam se desenvolvendo dentro das "relações capitalistas existentes".

Claro, a estatização concentra e monopoliza a propriedade de fábricas, dinheiro e bens materiais das classes possuidoras. Ao estatizar esses recursos, o Estado retira as bases materiais das classes proprietárias anteriores, que não apenas perdem recursos, dinheiro e poupanças, mas também perdem poder de decisão, influência social e, provavelmente, poder político. Isso

---

[49] *Ibíd.*, p. 534.
[50] Lenin, V. I., "Sobre o imposto em espécie" (21 de abril de 1921), *op. cit.*, p. 486.

O QUE É UMA REVOLUÇÃO?

enfraquece a antiga burguesia como classe e extingue sua condição demográfica, estatística.[51] Politicamente, é uma medida que mina o poder das burguesias dominantes e abre um espaço de ação das classes insurgentes para consolidar seu poder e suas iniciativas históricas. Apesar de tudo isso, a contabilização do tempo de trabalho abstrato continua a regulamentar o intercâmbio de mercadorias no mercado interno e externo, via exportações e importações de insumos, maquinários etc.

O gerente e administrador da fábrica pode ser retirado e os trabalhadores podem assumir em assembleia a tomada de decisões sobre a produção – certamente, um grande passo revolucionário na consciência proletária porque elimina no imaginário dos operários a crença de que o dono e gerente são os únicos que "sabem" como realizar a atividade produtiva –, mas logo é necessário comercializar os produtos para adquirir as matérias-primas, pagar as dívidas e garantir os salários dos trabalhadores que se alimentam e consomem o que é produzido em outras fábricas e na agricultura. Isso obriga a retornar à medida do valor de troca, ao tempo de trabalho abstrato capitalista como uma medida de intercâmbio dos produtos entre fábricas, com fornecedores e com os próprios trabalhadores que tomaram o poder no local de trabalho. Pode-se expropriar os bancos para retirar suas propriedades e o poder dos banqueiros, mas o dinheiro continuará a ser o equivalente geral do tempo de trabalho abstrato que orienta os comportamentos e pensamentos das pessoas em suas vidas diárias, em suas transações, em seus cálculos econômicos familiares.

Embora a intervenção do poder de Estado, baseada na coerção, possa substituir o tempo de trabalho abstrato (dinheiro) para o intercâmbio de produtos de uma fábrica para outra

---

[51] Ver os capítulos 20 e 21, em Lewin, M., *O século soviético*. Rio de Janeiro: Record, 2007.

sem passar pelo mercado; possa regular, com base em critérios de necessidades, o intercâmbio entre produtos industriais e agrícolas; possa substituir o salário por fornecimento de bens para consumo familiar; com tudo isso, simplesmente produz--se uma suspensão aparente da lei do valor, da lógica fundante do capitalismo. Os administradores do Estado, apoiados pelo monopólio da coerção, legitimam e substituem aqui a função do dinheiro, do mercado e do valor de troca. No entanto, trata-se de uma suspensão e supressão aparente da lei do valor e do mercado. Aparente, porque em seu lugar não se tem uma nova relação econômica que a substitua, mas uma coação extraeconômica que a impede. Além disso, ao se tratar de uma relação política que substitui a relação econômica, seu limite radica em que só é executada no interior do país que a assume, e não em sua relação com os demais países que continuam regulando seus intercâmbios e sua produção com base na lei do valor de troca. E até mesmo dentro do país em questão, a relação política só é efetiva ali onde chega o poder político, via funcionários, e onde eles não tenham sido expulsos e assassinados pelos camponeses sublevados.[52]

Mas como a burocracia estatal não pode estar presente em cada um dos poros da sociedade ou em cada atividade social, a lógica econômica das coisas, tatuada no cérebro das pessoas, em seus hábitos e cálculos econômicos pessoais e familiares, brota por todo lado, transformando os microespaços públicos e legais nos quais o Estado impõe seu critério em simples arquipélagos cercados por um mar de relações econômicas reais clandestinas. Assim, surge o mercado negro[53] nas comunidades rurais e nos bairros, não só para a venda de produtos agríco-

---

[52] Ver "Kulaks, hombres de saco y encendedores de cigarrillo" [Kulaks, comerciantes clandestinos e isqueiros] em Figes, O., *op. cit.*

[53] Figes, O., *op. cit.*

O QUE É UMA REVOLUÇÃO?

las, mas também de insumos industriais para a população;[54] emergem os privilégios de acesso a maiores bens de consumo para as pessoas próximas às estruturas estatais:[55] segundo Pipes, dos 21 milhões de cartões de racionamento das cidades, apenas doze milhões correspondiam à população realmente existente,[56] enquanto as demais (nove milhões) ficavam nas mãos da burocracia, além disso, grande parte dos produtos comercializados no mercado negro eram os que o Estado entregava gratuitamente às pessoas.[57] A permuta retorna como medida informal, generalizada e clandestina da lei do valor de troca; surge a dupla contabilidade industrial, uma para conhecimento da administração do Estado, outra para estabelecer a viabilidade real das empresas. E se somarmos a isso o fato de que todos os intercâmbios de produtos com outros países (matérias-primas, tecnologia, maquinarias, peças de reposição, produtos elaborados, roupas, alimentos etc.), cada vez mais intensos pela própria globalização da produção, do conhecimento e da tecnologia devem ser feitos com dinheiro, sob as regras do mercado e do império da lei do valor de troca, uma força econômica extranacional entra em ação para pressionar a cada segundo sobre as atividades das famílias e das empresas sob controle revolucionário. Surge o tráfico de produtos das economias familiares e das próprias indústrias estatais, mais uma espécie de esquizofrenia social: a lógica do valor de uso nas atividades reguladas e controladas pelo Estado; a lógica do valor de troca em atividades subterrâneas e cotidianas, de inter-

---

[54] Carr, E. H., *El Interregno (1923-1924): Historia de la Rusia Soviética* [*O interregno (1923-1924): História da Rússia Soviética*]. España: Alianza Editorial, 1987, p. 23.

[55] Ver "Camaradas y comisarios", em Figes, O., *op. cit.*

[56] Pipes, R., *op.cit.*, p. 759.

[57] *Ibid.*

câmbios internos e externos. Lenin se refere a isso quando fala sobre o fracasso da implementação do comunismo de guerra:

> Supúnhamos que ao introduzir a produção e a distribuição estatal, tínhamos criado um sistema econômico de produção e distribuição diferente do anterior [...]. Dissemos isso em março e abril de 1918, mas não nos perguntamos sobre os vínculos da nossa economia com o mercado e o comércio.[58]

Em síntese, pela força histórica de sua existência anterior e de sua existência externa no mundo em meio à qual ocorrem intercâmbios obrigatórios e necessários, a lógica econômica automática do trabalho abstrato impõe-se à coerção política. E, em longo prazo, a suspensão do capitalismo se revela como aparente ao não se contar com uma nova relação econômica que o substitua, mas simplesmente com uma vontade política imposta, tanto mais frágil quanto mais coação seja necessária; tanto mais inútil quanto mais vigilância burocrática necessite,[59] tanto mais injusta quanto mais privilégios de uma pequena elite política admita. Se acrescentarmos a isso o fato de que as condições primordiais de vida que são reguladas pelo Estado são inferiores àquelas estabelecidas pelo antigo regime, toda a força do passado se lança sobre a memória dos cidadãos em busca de reconstruir as antigas lógicas econômicas do mercado, do salário e da acumulação nos hábitos cotidianos. Certamente, o socialismo jamais poderá ser a socialização ou a democratização da pobreza, porque fundamentalmente é a crescente socialização da riqueza material.

---

[58] Lenin, V. I., "VII Conferencia del partido de la provincia de Moscú" (29-31 de outubro de 1921), *op. cit.*, p. 534.

[59] Houve extremos em que a obsessão para controlar burocraticamente a gestão econômica leva a que, em uma sobreposição de vigilância para vigiar os que vigiam, mais de cinquenta funcionários controlem o desempenho de 150 trabalhadores. Pipes, R., *op. cit.*, p. 752.

Vista internamente, a coerção estatal extraeconômica também não implanta um sistema universalizável. Os intercâmbios entre empresas que substituem o mercado dependem das avaliações pessoais dos funcionários que definem, com base em critérios subjetivos, o que uma empresa deve receber em troca da entrega de determinado produto. Da mesma forma, os confiscos de excedentes agrícolas são impostos supondo condições de consumo médio; enquanto a substituição de salário por uma distribuição de bens de consumo médio da família pressupõe um nível de condições de vida que nada tem a ver nem com o desempenho do trabalho (trabalho manual, trabalho intelectual, trabalho intensivo, condições insalubres etc.), nem com um nível de necessidades socialmente pactuado. Ao assumir a responsabilidade de decidir a quantidade "necessária" dos intercâmbios a fim de substituir o dinheiro e o valor de troca, o Estado não só se vê arrastado a cometer inúmeros abusos e extorsões e, inclusive, a confiscar as próprias condições mínimas de subsistência de operários e camponeses,[60] mas além disso, faz recair em um grupo de pessoas, em uma "parte" da sociedade (os administradores do Estado), o que corresponde a toda ela; de modo que essa "parte" de decisores se torna um corpo privado sobreposto ao corpo geral. Assim, a substituição do dinheiro e do mercado que supostamente deveria suprimir o poder de uns poucos (os detentores do capital econômico) pelo poder de toda a sociedade, apenas reinscrevem o poder de outros poucos (os detentores do capital político) sobre toda a sociedade. Com isso – e mantendo-se essa divisão de funções por um longo tempo –, a lógica política do capitalismo é simplesmente restabelecida, mas não mais em termos de propriedade sobre os meios de produção e poder econômico concentrado,

---

[60] Figes, O., *op. cit.*, p. 670-750.

mas sim de administração monopolista dos meios de produção e poder político concentrado. Em termos marxistas, quando o Estado age como "proprietário soberano" – também poderíamos dizer como "empresário soberano" – a expropriação de "trabalho excedente" por vias extraeconômicas implica algum tipo de servidão e "perda da liberdade pessoal".[61] Todo o debate sobre a "militarização do trabalho" e "trabalho obrigatório", de fato, reedita, sob a roupagem marxistoide, essa tendência ao renascimento das relações servis.[62]

Ao contrário do que a esquerda mundial acreditava ao longo do século XX, a estatização dos principais meios de produção, dos bancos e do comércio não instaura um novo modo de produção nem institui uma nova lógica econômica – muito menos o socialismo – porque não é a socialização da produção. Isso requer outro tipo de relações econômicas na produção e de relações sociais no intercâmbio, muito diferentes de tão somente a intromissão ou presença estatal. Em outras palavras, um dos fetiches da esquerda fracassada do século XX: "a propriedade do Estado é sinônimo de socialismo", é um erro e uma impostura. Ainda hoje há uma esquerda "pasteurizada" que, da confortável cafeteria em que planeja terríveis revoluções para o interior da espuma do *capuccino*, exige dos governos progressistas mais estatizações para instaurar o socialismo imediatamente.

De fato, a revolução soviética mostrou que essa posição radical é apenas uma ilusão. As estatizações colapsam o poder da burguesia, sim, mas no âmbito da dominação das relações capitalistas de produção. As estatizações criam condições para uma maior capacidade política das iniciativas das forças revo-

---

[61] Marx, K., *O capital*, t. III. Rio de Janeiro: Civilização Brasileira.
[62] Pipes, R., *op. cit.*, p. 765-768.

O QUE É UMA REVOLUÇÃO?

lucionárias, sim, mas mantêm inalterável a lógica do valor de troca nos intercâmbios e no comércio de produtos do trabalho social. Não importa quantos decretos sejam emitidos combinando as palavras estatização e socialismo. Somente uma política precisa de alianças entre as classes plebeias para administrar em escala nacional os assuntos comuns de toda a sociedade; somente um impulso em direção a novas formas associativas voluntárias dos trabalhadores nos próprios centros de produção e sua crescente articulação com outros centros de produção; somente uma constante democratização das estruturas estatais que apoiam esses processos comunitários; somente uma estabilidade econômica que garanta as condições básicas de vida, mas sobretudo, tempo para essas aprendizagens coletivas; somente uma propagação da revolução para outros países; este conjunto pode criar as condições de uma nova sociedade. Mais ainda, o socialismo é esse processo de lutas, alianças e aprendizagens contraditórias.

Na Rússia revolucionária, a estatização, não como um sinônimo de construção do socialismo, mas como um meio flexível e temporário para criar as condições que ajudem as iniciativas da sociedade trabalhadora, emerge dos debates e das ações que substituem o fracasso do "comunismo de guerra" e a implementação da chamada Nova Política Econômica (NEP), forçando, segundo Lenin, a "reconhecer a mudança radical de todo nosso ponto de vista sobre o socialismo".[63]

A base material da continuidade revolucionária: a economia

A NEP desmonta os mecanismos da socialização aparente introduzida pelo "comunismo de guerra" – que, afinal, não tem nada de comunismo –; aplaca o superdimensionamen-

---

[63] Lenin, V. I., "Sobre a cooperação". *In:* Netto, J. P. (org.), *op. cit.* p. 561.

to que havia sido outorgado ao Estado revolucionário como construtor decisivo do socialismo; e restitui a economia e as relações econômicas (começando pelo bem-estar da população) como o cenário decisivo em que, uma vez conquistado o poder político, se concentram as lutas fundamentais para a construção do socialismo.[64]

Já em 1918 modifica-se o sistema salarial, diferenciando o salário dos especialistas "segundo escalas que correspondem a relações empresariais".[65] De fato, a prática demonstra que as funções administrativas e técnicas nas fábricas e instituições estatais requerem um conhecimento especializado, e os que possuem esses conhecimentos imprescindíveis para fazer funcionar a indústria não pertencem às classes trabalhadoras nem estão dispostos a trabalhar pela escassa remuneração oferecida pelo Estado, de maneira geral para todos, especialistas e não especialistas. A paralisia dos centros produtivos obriga os bolcheviques a modificar sua escala salarial única e a pagar salários muito mais elevados aos especialistas, para garantir o funcionamento da produção. Com isso, fica claro que o ideal comunista de nivelamento de renda não pode ser imposto nem ser feito de maneira imediata, e muito menos como nivelamento para baixo.

A reintrodução de escalas diferenciadas na remuneração salarial é a primeira "arranhadura" conceitual que os bolcheviques têm que assumir para garantir a continuidade da produção material e, com isso, a continuidade do processo revolucionário capaz de modificar, em longo prazo, essa produção material. É que, com exceção das classes proprietárias dos grandes meios de produção que devem ser expropriadas para diluir seu poder

---

[64] Ver Lenin, V. I., "Conferencia del partido de la provincia de Moscú" (outubro de 1921), *op. cit.*, p. 527-552.

[65] *Ibid.*, p. 533.

O QUE É UMA REVOLUÇÃO?

político-econômico, a revolução só garante sua hegemonia se for capaz de melhorar – e não de piorar – as condições de vida das classes trabalhadoras. A regra básica do marxismo de que a base material influi nas outras esferas da sociedade nem sempre é levada em conta pelos revolucionários, que podem chegar a superdimensionar a vontade e a ação política como motores de mudança. Embora estes últimos sejam fatores dinâmicos que constroem identidade coletiva, conduzem ações, articulam e potencializam esperanças; emergem aleatoriamente de uma base material, abrem um leque de opções de mudança e são eficientes na medida em que permanentemente retroalimentem mudanças nessa base material. Sem base material, não existem potencialidades revolucionárias que estimular e, portanto, se transformam em impotência discursiva.

A NEP derruba boa parte das ilusórias concepções pré--constituídas sobre a construção do socialismo, ajuda a precisar o que de fato é o socialismo e fixa com clareza as prioridades que uma revolução em marcha deve resolver.

Desde 1921, o confisco de grãos das famílias camponesas é substituído pelo imposto em espécie, liberando a produção excedente para o comércio agrícola.[66] E as granjas coletivas (*sovkhoz*) criadas durante os primeiros anos da revolução começam a ser arrendadas a pessoas privadas que deviam pagar um aluguel ao Estado. Garante-se o funcionamento da antiga comunidade rural (*mir*) com sua distribuição periódica de terras, mas também a possibilidade, se o camponês assim o desejar, de ficar com a terra, arrendá-la e contratar trabalhadores rurais.[67] Para dar maior estabilidade ao camponês, embora a terra per-

---

[66] Lenin, V. I., "X Congresso do PC(b)R" (8-16 de março de 1921), em *Obras escolhidas em 6 tomos,* tomo 5. Lisboa: Avante! 1977.

[67] Carr, E. H., *Historia de la Rusia soviética. La Revolución bolchevique (1917-1923).* 2. El orden económico. Madrid: Alianza Editorial, 1978, p. 302-303

tença ao Estado, é garantido o direito a usufruí-la por tempo indefinido, assim como o direito a dispor dos excedentes de seus produtos no mercado livre.[68]

Além disso, para apoiar a economia camponesa, são tomadas medidas para promover o restabelecimento das pequenas indústrias privadas vinculadas ao fornecimento de seus insumos.[69] Indústrias com não mais de vinte trabalhadores ficam de fora das nacionalizações e é autorizado o arrendamento de pequenas e médias empresas do Estado a pessoas privadas e cooperativas, a fim de retirá-las da estagnação em que se encontram. Quanto às grandes indústrias estatais, fica estabelecido que os intercâmbios com outras indústrias não dependem mais da burocracia estatal, e que cada uma delas dispõe diretamente de seus recursos financeiros e materiais.[70] Em 1923, de acordo com E. H. Carr, 85% das indústrias estão em mãos privadas, mas 84% dos operários industriais estão alocados em grandes empresas estatais.[71]

Ao se suprimir a remuneração homogênea e a obrigatoriedade de cada empresa estatal de zelar por seu funcionamento a partir de seus próprios recursos, são restabelecidos os princípios comerciais na gestão das empresas, o que leva a que a remuneração dos trabalhadores seja considerada nos balanços gerais como salário,[72] submetida à lei do valor de troca.

A partir desse momento, cada indústria estatal e privada começa a depender oficialmente do mercado para o fornecimento de seus insumos (inclusive o combustível) e para a comercialização de seus produtos, o que lhes obriga a reforçar

---

[68] *Ibid.*, p. 310.
[69] *Ibid.*, p. 310.
[70] *Ibid.*, p. 312-313.
[71] *Ibid.*, p. 316.
[72] *Ibid.*, p. 317.

O QUE É UMA REVOLUÇÃO?

suas estruturas de custos e produtividade a fim de garantir seu funcionamento, já que o acesso a créditos estatais se encontra obrigatoriamente subordinado a seu cálculo de rentabilidade.[73] Desaparecem os subsídios para empresas estatais e, com isso, também a estagnação técnica e produtiva que tende a caracterizar esse tipo de gestão estatal subsidiada quando, em vez de uma medida redistributiva temporária, é assumida como uma forma de gestão econômica permanente.

Em 1922, através de um decreto, todos os tipos de recrutamento forçado para o trabalho foram proibidos e os procedimentos de contratação e demissão foram restabelecidos como modos regulares de acesso à força de trabalho.[74] Desde 1921, os salários foram vinculados à produtividade. É estabelecido um salário mínimo obrigatório e os sindicatos voltam a ser as estruturas mediadoras entre o trabalhador e a administração empresarial para estabelecer as condições de emprego.[75] Em 1922, sob as novas relações de contratação, cerca de 40% dos trabalhadores da indústria ferroviária são demitidos, enquanto na indústria têxtil, o número de operários para cada mil teares passa de trinta durante o "comunismo de guerra", a menos da metade, quatorze. Desde então, a filiação sindical é voluntária; são suprimidos os subsídios estatais aos sindicatos,[76] os quais são retirados do controle da seguridade social que fica a cargo de uma instância estatal.[77]

No momento em que os mecanismos do comércio privado estão sendo restabelecidos tanto nas cidades quanto no

---

[73] *Ibid.*, p. 318, 321.
[74] *Ibid.*, p. 333.
[75] *Ibid.*, p. 334-35.
[76] *Ibid.*, p. 342.
[77] *Ibid.*, p. 342.

campo,[78] as restrições na disponibilidade de dinheiro por pessoas particulares são suspensas e, ao mesmo tempo, é eliminado qualquer risco de confisco de poupança bancária nas cooperativas e bancos municipais que começam a surgir. Também é criado um banco estatal como um ente regulador da economia nacional[79] e vários bancos estaduais de poupança[80] para promover a poupança entre a população. Complementarmente, novas alíquotas de imposto são estabelecidas sobre a venda de produtos e, inclusive, sobre as altas remunerações salariais.[81]

No geral, a NEP restaura as formas regulares da economia de mercado e da economia capitalista que, como é bem lembrado por Lenin, continuam existindo apesar da radicalidade das medidas adotadas durante o "comunismo de guerra". A supressão dos confiscos e o restabelecimento do comércio de produtos agrícolas reorganiza, em novas bases, a relação política entre os operários da cidade e do campo. Numa sociedade com uma base camponesa majoritária ou grande, nenhum poder estatal – e muito menos o que se instaura em nome de maiorias sociais populares – pode ser exercido coercitivamente contra essa maioria social. No curto prazo, isso provoca não só rebeliões camponesas e inclusive de operários contra o Estado revolucionário,[82] como também é claramente uma contradição, pois se trata de uma nova "minoria", agora operária ou "revolucionária", antes burguesa, impondo-se pela força sobre a maioria da população. Precisamente isto é o que começa a acontecer na Rússia revolucionária, como resultado da fome

---

[78] *Ibid.*, p. 345-350.
[79] *Ibid.*, p. 359 e 366.
[80] *Ibid.*, p. 370.
[81] *Ibid.*, p. 368.
[82] Ver "La guerra contra el campo", em Pipes, R., *op.cit.*

generalizada e dos abusos no confisco de grãos nas zonas rurais. Há momentos, inclusive, em que tropas leais ao governo se revoltam contra ele, e as principais cidades se enchem de greves e mobilizações operárias (algumas das quais exigem o retorno do mercado livre).[83] Então, qualquer possibilidade de dissolução do poder do Estado na sociedade – que na realidade é o horizonte e o propósito de qualquer revolução social – fica convertida em uma impossibilidade política, econômica e demográfica. O socialismo, como construção de novas relações econômicas, não pode ser uma construção estatal nem uma decisão administrativa; mas, acima de tudo, uma obra majoritária, criativa e voluntária das próprias classes trabalhadoras que vão tomando em suas mãos a experiência de novas formas de produzir e administrar a riqueza.

Na realidade, a restituição das relações de mercado entre produtores e empresas, no comércio varejista, legaliza algo que nunca deixou de existir nem na atividade econômica real nem na lógica das pessoas. O que os funcionários do governo fizeram durante os anos de "comunismo de guerra" foi como andar em uma noite escura com uma lanterna. Onde sua luz conseguia iluminar, o controle estatal se impunha, mas nos arredores infinitos onde a luz não chegava as relações sub-reptícias do mercado continuavam regulando a realidade econômica das pessoas, por isso a possibilidade de superação das leis do mercado, do valor de troca por outras relações econômicas e não político-coercitivas efêmeras, nem sequer se vislumbrava por mínimo que fosse. As próprias reflexões leninistas mencionam que estas só poderiam surgir após um longo processo de criação de novas formas associativas de produção e de revolu-

---

[83] Ver "El bolchevismo en retirada", em Figes, O., *op. cit.*

ções culturais[84] capazes de encontrar um correlato em escala mundial.

Por outro lado, a fixação de regras de rentabilidade nas empresas do Estado restitui a função ótima de uma empresa estatal; retira o poder econômico e político da burguesia e o deposita na sociedade como diretamente beneficiada pela estatização; isto é, permite que toda a sociedade (não o administrador estatal nem apenas os trabalhadores da empresa) se beneficie da riqueza gerada. No entanto, existem duas degenerações da estatização das empresas. A primeira consiste em que os benefícios econômicos gerados por essas empresas vão somente para seus trabalhadores via salários, bônus, redistribuição de rendimentos, emprego seguro etc. Nesse caso, as empresas nacionalizadas mudam de proprietário, mas no final continuam a beneficiar apenas uma pequena "parte" da sociedade, ou seja, os trabalhadores dessas empresas, que se tornam usufrutuários privados de uma propriedade que deveria ser comum a toda a sociedade. Essa modalidade de nacionalização de fato é uma forma ambígua de privatização, que volta a cancelar os modos de socialização dos meios de produção e da riqueza social. Em geral, as experiências isoladas de autogestão operária se movem no limiar dessa forma de privatização corporativa da riqueza.

Essa degeneração da nacionalização pode ser ainda mais pervertida na medida em que os trabalhadores das empresas estatais não apenas se apropriem privadamente dos recursos que geram como empresa pública, mas também exigem e absorvem os recursos do restante da sociedade, da riqueza gerada em outros centros de trabalho, através de subsídios permanentes do Estado. Nesse caso, a privatização corporativa da riqueza

---

[84] Lenin, V. I., "Sobre a cooperação", *op. cit.*

O QUE É UMA REVOLUÇÃO?

produtiva também se torna expropriação privada da riqueza social, que suga recursos da sociedade para manter os privilégios de um pequeno setor dela.

A segunda degeneração da nacionalização consiste nos administradores das empresas, os funcionários públicos encarregados de sua administração, utilizarem sua posição para substituir as decisões operárias coletivas por monopólios administrativos. Trata-se de um acúmulo de poder político burocrático que expropria o poder político dos trabalhadores. Além disso, dependendo das circunstâncias, esta posição de poder pode ser aproveitada pelos funcionários para ter acesso a privilégios em termos de remuneração, benefícios pessoais, propriedades etc. No caso desses poderes e benefícios individuais se institucionalizarem e se sedimentarem ao longo do tempo em um mesmo grupo estável de funcionários públicos, nos deparamos com modalidades de formação de uma burguesia dentro do Estado.[85]

Uma decisão de grande importância assumida pelo governo soviético, embora pouco discutida posteriormente pelas esquerdas, é a questão das concessões a empresas estrangeiras em áreas de trabalho do setor de petróleo, mineração, madeireiro etc.[86] Vale mencioná-lo aqui, porque o debate em torno deste tema consegue esclarecer o profundo significado do que foi originalmente chamado de "retrocesso" da NEP, mas que na realidade permite delinear, no processo da ação coletiva, um caminho estratégico no que diz respeito à construção do socialismo moderno.

---

[85] Ver Chavance, B., *El sistema económico soviético*. [*O sistema econômico soviético*]. Madrid: Ed. Talasa, 1987.

[86] Lenin, V. I., "Carta sobre las concesiones petroleras" [Carta sobre as concessões petroleiras] (12 de novembro de 1921), em *OC*, t. 34, p. 417-418.

Em que consistem essas concessões? Na outorga do direito de desenvolver uma determinada atividade econômica ao concessionário estrangeiro, ali onde o Estado revolucionário não dispunha de recursos para fazê-lo por conta própria. O concessionário investia em tecnologia, instalava a indústria, a infraestrutura, estradas etc. e recebia em pagamento uma parte do produto obtido. A outra parte ficava nas mãos do Estado para sua utilização, venda etc. Para garantir ao concessionário a total compensação pelo risco e pela recuperação da tecnologia investida, foram outorgados prazos de concessão prolongados e, após um tempo mutuamente acordado, esses investimentos passavam ao poder estatal. A URSS garantia "que os bens do concessionário investidos na empresa" não estariam "sujeitos à nacionalização, confisco nem requisição".[87]

Nesse sentido, as justificativas eram claras: a necessidade de dinheiro para comprar tecnologia que permitisse implementar planos sociais, como a eletrificação para toda a população; necessidade de recursos financeiros para criar uma infraestrutura que integrasse todo o território; necessidade de tecnologia e recursos para impulsionar a grande indústria estatal; necessidade de conhecimento para fundar novas empresas. O Estado revolucionário não dispunha dos recursos financeiros nem da tecnologia do conhecimento necessários para tudo isso; obtê-los se apresentava não como uma possibilidade de crescimento, mas fundamentalmente como uma obrigação, a fim de satisfazer as necessidades básicas do povo e, com isso, garantir

---

[87] Lenin, V. I., "Reunión con los militantes de la organización del PC(b) de Moscú" [Reunião com os militantes da organização do PC(b) de Moscou] (6 de dezembro de 1920), em *OC*, t. 34, p. 174. Também revisar "Informe sobre las concesiones" [Informe sobre as concessões] (6 dezembro de 1920) e "VIII Congreso de toda Rusia de Soviets" [VIII Congresso de toda a Rússia de Sovietes], em *OC*, t. 34, p. 150-217.

O QUE É UMA REVOLUÇÃO?

a própria continuidade do processo revolucionário. Tal será a importância dada à melhoria das condições econômicas da população e do país como um todo, que Lenin praticamente exigiu dos comunistas a aprender a gerenciar a economia porque, do contrário, o poder soviético não conseguiria existir.[88] De fato, a queda real do salário dos trabalhadores soviéticos para menos de 10% em relação a 1913, as longas filas para conseguir pão, o nomadismo dos operários obrigados a ser temporariamente camponeses para poder complementar a alimentação e a fome generalizada daqueles anos não apenas levam a uma crescente separação entre o governo soviético e amplos setores populares, mas também a revoltas operárias e camponesas que põem em risco a continuidade do governo bolchevique que se vê forçado a estabelecer lei marcial nas cidades que anteriormente haviam sido seus bastiões. O ataque à fortaleza de Kronstadt[89] representa a síntese dessa modificação arriscada da correlação de forças dentro do bloco popular, provocada pela crise econômica e pela redução da liberdade política do "comunismo de guerra".

Então, a estabilidade econômica, o crescimento econômico e a revolução mundial se constituem, neste novo ponto da revolução que já havia tomado o poder político, nas questões centrais em que ela define seu destino:

> No mar do povo não somos, afinal de contas, nada mais que uma gota no oceano, e só podemos liderar se expressarmos corretamente o que o povo pensa. Caso contrário, o Partido Comunista não conduzirá o proletariado, o proletariado não conduzirá as massas e toda a máquina entrará em colapso.

---

[88] Lenin, V. I., "XI Congreso del PC(b)R" [XI Congresso do PC(b)R] (março--abril de 1922), em *OC*, t. 36, p. 242.
[89] Ver Avrich, P., *Kronstadt 1921*. Argentina: Colección Utopía Libertaria, 2005; Berkman, A., *La rebelión de Kronstadt* [*A rebelião de Kronstadt*]. Madrid: La Malatesta Editorial, 2011.

O povo, todas as massas trabalhadoras, consideram que a coisa fundamental neste momento é ajudá-las a sair das necessidades e da fome extremas... Não pudemos implantar a distribuição comunista direta. Nos faltavam fábricas e o maquinário necessário para equipá-las. Por conseguinte, devemos fornecer aos camponeses o que eles necessitam através do comércio, e provê-los tão bem como os capitalistas, caso contrário, o povo não suportará essa administração. Essa é a chave da situação.[90]

Em seu debate contra o ultraesquerdismo que o censura por fazer concessões demais aos capitalistas em detrimento das expropriações, Lenin argumenta que, dadas as circunstâncias do poder do Estado nas mãos das classes trabalhadoras, a preocupação de melhorar o desenvolvimento da indústria e agricultura, "mesmo sem as cooperativas ou sem transformar diretamente este capitalismo em capitalismo de Estado", contribuirá infinitamente mais para a construção socialista, do que ficar meditando sobre "a pureza do comunismo".[91]

Claro! Antes de qualquer revolução, a tarefa dos revolucionários deve se centrar na construção de ideias com capacidade de resumir as tendências sociais e de mobilizar as capacidades auto-organizativas da sociedade. A luta por um novo senso comum e pelas estruturas organizativas das classes trabalhadoras são as tarefas fundamentais no processo revolucionário; isto é, o impulso para transformar a força de mobilização autônoma da sociedade em poder político capaz de desmontar as estruturas de poder das antigas classes dominantes. Mas uma vez passado esse *ponto de bifurcação ou momento jacobino*, a ordem de prioridades muda: a economia, a melhoria de condições

---

[90] Lenin, V. I., "XI Congreso del PC(b)R" (março-abril de 1922), em *OC*, t. 36, p. 272.

[91] Lenin, V. I., "Sobre o imposto em espécie" (21 de abril de 1921), *In:* Netto, J. P. (org.), *op. cit.* p. 516.

O QUE É UMA REVOLUÇÃO?

de vida da maioria da população trabalhadora e a criação de condições estritamente econômicas de regulação e planejamento ocupam agora o posto de comando para garantir a continuidade do processo revolucionário e do poder político das classes trabalhadoras. Uma vez garantida essa continuidade, é possível passar imediatamente à construção de novas formas comunitárias de produção e a contínuas revoluções culturais, que vão modificando os hábitos e comportamentos individualistas da sociedade e reforcem essas formas comunitárias; isso até o momento em que novas experiências revolucionárias em escala mundial permitam criar as condições materiais para a construção de um comunismo planetário.

A economia e a revolução mundial representam então as preocupações pós-insurrecionais. Referindo-se novamente às concessões, Lenin aponta:

> Cada concessão será, sem dúvida, um novo tipo de guerra – uma guerra econômica –, a luta elevada a outro plano [...] [mas] não podemos propor seriamente a ideia de uma melhoria imediata da situação econômica sem aplicar uma política de concessões... devemos estar preparados para aceitar sacrifícios, privações e inconvenientes, devemos estar dispostos a romper com nossos costumes, possivelmente também com nossas manias, com o único propósito de realizar uma mudança notável e melhorar a situação econômica nos principais ramos da indústria. Isso tem de ser conseguido a todo custo.[92]

E a respeito dos perigos que essas concessões ao capital estrangeiro pudessem representar, responde:

> Não é perigoso recorrer aos capitalistas? Isso não significa um desenvolvimento do capitalismo? Sim, significa um de-

---

[92] Lenin, V. I., "Reunión del grupo comunista del Consejo Central de Sindicatos de toda Rusia" [Reunião do grupo comunista do Conselho Central de Sindicatos de Toda a Rússia] (11 de abril de 1921), em *OC*, t. 35, p. 171 e 158.

senvolvimento do capitalismo, mas não é perigoso, porque o poder continuará nas mãos dos operários e camponeses, e os latifundiários e capitalistas não recuperarão suas propriedades. O governo soviético estará vigilante para que o capitalista arrendatário cumpra o contrato, que o contrato nos seja vantajoso e que, como resultado, melhore a situação dos operários e camponeses. Em tais condições, o desenvolvimento do capitalismo não é perigoso, e o benefício para os operários e camponeses está na obtenção de uma maior quantidade de produtos.[93]

A questão fundamental de toda revolução é o poder, escreve Lenin poucos dias antes da insurreição de outubro.[94] E esta tese organizadora é mantida e reforçada no momento do desenvolvimento econômico da revolução. Pode-se retroceder na tolerância de determinadas atividades econômicas secundárias nas mãos dos setores empresariais para garantir o abastecimento de insumos para a indústria e para a pequena agricultura. Pode-se aceitar a presença dos capitalistas estrangeiros a fim de obter o financiamento e a tecnologia necessária para o país. Pode-se conviver com as relações de mercado enquanto são preparadas as condições econômicas para outras formas de intercâmbio. É possível aceitar tudo isso, forçados pelas circunstâncias do cerco estrangeiro, do atraso tecnológico do país, da necessidade de garantir condições de vida favoráveis para os trabalhadores. É possível apenas se nos ajuda a manter o poder político nas mãos do bloco de poder revolucionário. Porque na medida em que favorece a permanência e estabilidade ao poder revolucionário, se ganha tempo para criar as circunstâncias materiais e culturais que, finalmente, tornarão possível

---

[93] Lenin, V. I., "Discursos grabados en discos" [Discursos gravados em discos] (25 de abril de 1921), em *OC*, t. 35, p. 242

[94] Lenin, V. I., "Uma das questões fundamentais da revolução" (14 de setembro de 1917), *in:* Netto, J. P. (org.). *op. cit.*, p. 227.

a continuidade do processo revolucionário socialista: formas associativas e comunitárias de produção que devem brotar da experiência voluntária dos trabalhadores; modos crescentes de democratização das funções públicas; transformação cultural e cognitiva das classes trabalhadoras que superem as estruturas mentais individualistas herdadas do velho regime e que, inclusive, ajudem a restabelecer o metabolismo mutuamente vivificador entre o ser humano e a natureza.[95]

Então, o tempo se constitui como o bem mais precioso que uma revolução necessita para levar adiante, cada vez mais, o aprendizado prático das classes trabalhadoras no esforço para criar novas condições de trabalho comunitário que, por definição, devem surgir das próprias experiências dos trabalhadores e não das decisões administrativas do Estado, por mais revolucionário que seja. Ao fim e ao cabo, o comunismo é uma sociedade construída em comum pela própria sociedade trabalhadora e não um decreto administrativo.

O tempo é necessário para abrir brechas de comunismo por meio da atividade prática dos trabalhadores no âmbito da produção e do consumo para aprender as experiências dos erros de outras experiências coletivas anteriores e voltar a se lançar com maior vigor na construção desta rede de trabalho e condução comum da economia; para transformar as mentalidades das pessoas e fazer surgir novos seres humanos portadores de novas atitudes culturais rumo ao comunismo; para superar a apatia das classes plebeias, que se apresenta assim que são al-

---

[95] Sobre a relação homem e natureza que percorre as preocupações de Marx ao longo de sua vida, ver, Marx, "Manuscritos econômico-filosóficos de 1844", *in: Cadernos de Paris e Manuscritos econômico-filosóficos de 1844*. São Paulo: Expressão Popular, 2015; "Formas que precederam a produção capitalista", en *Grundrisse*, São Paulo, Boitempo, 2011, p. 388; *O capital*, t. 1, *op. cit.*; *Apuntes etnológicos de Karl Marx [Apontes etnológicos de Karl Marx]*. España: Siglo XXI/ Pablo Iglesias Editorial, 1988.

cançadas as primeiras vitórias e se chega ao refluxo das ondas da revolução;[96] para retomar, com uma nova onda de mobilizações sociais, os corporativismos e desvios de uma parte das elites operárias dirigentes que buscam se beneficiar, individual ou setorialmente, das posições de poder que ocupam no novo Estado; em suma, para esperar pela eclosão de revoluções em outras partes do mundo, sem cuja presença qualquer tentativa de revolução em qualquer país, a longo prazo, é impotente e está condenada ao fracasso; para apoiar as mudanças em outros Estados e em outras economias do mundo com as quais, inevitavelmente, um Estado revolucionário mantém vínculos de compra de tecnologia, de exportações, de transações financeiras, de intercâmbios culturais, das quais é impossível subtrair-se, incluindo determinações da divisão internacional do trabalho.

Por isso, se torna ridícula e demagógica a crítica dos ideólogos, cuja aprendizagem sobre a história das revoluções se alimenta unicamente do "The History Channel", que exigem das experiências revolucionárias a desvinculação do mercado mundial ou a ruptura da divisão internacional do trabalho.

---

[96] Já em julho de 1917, em Petrogrado, dos mais de mil delegados do soviete, "apenas quatrocentos ou quinhentos participam de suas reuniões". Dos mais de oitocentos sovietes registrados, em outubro "muitos deles já não existiam ou existiam apenas no papel. Os informes das províncias indicavam que os sovietes estavam perdendo prestígio e influência (...) em Petrogrado e Moscou, já não representavam toda a 'democracia', porque muitos intelectuais e operários haviam se afastado deles". Pipes, R., *op. cit.* p. 508. Em inícios de 1918, "a dissolução da Assembleia (Constituinte) foi recebida com surpreendente indiferença; não houve nada parecido ao furor que em 1789 havia provocado os rumores de que Luís XVI pretendia dissolver a Assembleia Nacional, precipitando a tomada da Bastilha. Após um ano de anarquia, a Rússia estava exausta; todos desejavam a paz e a ordem, sem se importar como seria conseguido". *Ibid.*, p. 600.

Onde é obtida a tecnologia para a indústria de mineração ou de hidrocarbonetos? Para onde são exportadas as matérias--primas, os alimentos e os produtos processados que um país produz, se não para os mercados estrangeiros? Onde se obtém a tecnologia de comunicação ou os conhecimentos científicos que o país necessita, se não no mercado mundial? Onde se tem acesso aos recursos financeiros para criar infraestrutura ou novas indústrias? Onde se comercializam os produtos das próprias empresas nacionalizadas que não são consumidos internamente? Hoje, nenhuma economia é autárquica nem jamais poderá sê-lo, a não ser que se queira voltar às condições de vida do século XVI. Nenhum país está à margem do mercado mundial, isto é, da trama de intercâmbios do trabalho humano que cobre o planeta com infinidade de vínculos financeiros, técnicos, cognitivos, culturais, linguísticos, comunicacionais, consumíveis. Um maquinário, um microfone, um televisor, um automóvel, o asfalto, uma lâmpada, um celular, os computadores, os programas, a ciência, as matemáticas, a cultura, o cinema, a internet, a literatura, um livro, uma vestimenta, uma bebida, a história, tudo, absolutamente tudo o que usamos diariamente está interconectado com o que produzimos aqui e com o que se produz nos Estados Unidos, China, Japão, Índia, Brasil, Argentina, Alemanha etc. O mundo está entrelaçado. Hoje, o mundo é produto do próprio mundo e nenhum país pode ficar à margem desta obra coletiva.

Este fato material não desaparecerá por mais que misturemos palavras como "soberania", "revolução", "anarquia", ou o que seja. Por isso precisamente, é impossível que o comunismo triunfe em um só país – é um contrassenso – pois é uma comunidade universal que só poderá existir e triunfar de maneira mundial, planetária, universal. Mas assim como o comunismo ou é mundial ou não é nada, não existe revolução alguma que possa "sair" desse mercado mundial, das relações e fluxos da divisão internacional do trabalho. Ao informar ao Congresso dos sovietes sobre a necessidade de obter tecnologia e recursos do mercado mundial, a fim de garantir a melhoria das condições de vida dos trabalhadores, Lenin afirma taxativamente: "a República socialista... não pode existir sem vínculos com o mundo".[97] O lugar que uma nação ocupa na rede da divisão internacional do trabalho pode ser modificado, mas jamais pode-se sair dela. Uma nova divisão internacional do trabalho ou talvez sua extinção como divisão, unicamente poderá ser fruto de uma revolução mundial, que é precisamente ao que cada revolução local deve sustentar.

Em suma, uma vez que uma revolução social irrompe devido a circunstâncias excepcionais em algum país, o que ela precisa é de tempo, tempo e mais tempo. Tempo para aguardar pela eclosão de outras revoluções em outros países, para não ficar isolada e impotente diante das exigências de uma nova economia e de uma nova sociedade que só poderá ser construída em escala global. Tempo para converter o poder cultural, a hegemonia política e a capacidade de mobilização popular, que levaram à tomada do poder de Estado, em formas organizativas comunitárias e cooperativas na produção, no comércio. "Para nós, o simples crescimento da cooperação... se identifica com o crescimento do socialismo",[98] reitera obsessivamente

---

[97] Lenin, V. I., "Reunión del grupo comunista del CCS" (11 de abril de 1921), em *OC*, t. 35, p. 171.

[98] Lenin, V. I., "Sobre a cooperação" (maio de 1923), em Netto, J. P. (org.) *op. cit.*, p. 561. Sobre a importância dada por Marx às cooperativas, ver Marx, "trabajo cooperativo", Resolução elaborada por Marx e aprovada no congresso da Asociación Internacional del Trabajo (AIT), Genebra, 1866", em Marx, K., Engels, F., *El sindicalismo: teoría, organización y actividad.* [*O sindicalismo: teoria, organização e atividade*] Barcelona: Editorial Laia, 1976. Também Marx, C., "Llamamiento del concejo general de la AIT a las secciones, sociedades

Lenin nos últimos escritos antes de sua morte. O Estado revolucionário pode impor coisas ou proibi-las; faz parte do poder político que monopoliza. Inclusive pode modificar a propriedade dos bens e concentrar a propriedade do dinheiro. Trata-se de ações políticas que influenciam as ações econômicas. Mas o que não pode fazer é construir relações econômicas duradouras; e, menos ainda, relações econômicas comunitárias capazes de superar a lógica do valor de troca. Isso só pode ser uma criação social, uma criação coletiva dos próprios produtores. O Estado é por definição monopólio; o comunismo é por definição criação comum de riqueza comum; a antítese do Estado. Então, o trabalho associado, cooperativo, comum só pode ser uma criação gradual, complexa e com contínuas ascensões e declínios conseguidos diretamente pelos trabalhadores de vários, portanto de muitos, centros de trabalho. Isso requer tempo. Tempo para implantar por etapas os modos de ocupação democrática dos trabalhadores, de toda a sociedade, das grandes decisões do Estado e, acima de tudo, dos centros fundamentais de produção. Tempo para superar o individualismo burguês, mas principalmente o corporativismo trabalhista que reintroduz o individualismo de classe e a privatização nas decisões estatais e trabalhistas. Tempo para transformar os esquemas lógicos e morais das classes trabalhadoras – herdadas da velha sociedade burguesa – e construir coletivamente, com numerosas revoluções culturais intermediárias, novos sensos comuns e esquemas mentais que reestruturem os sistemas de valores da vida cotidiana de toda sociedade. Tempo para desmantelar os poderes monopolizados pelo Estado para diluí-los na sociedade. Tudo isso requer que a própria sociedade atraves-

---

filiales y a todos los obreros" [Chamamento do conselho geral da AIT às seções, sociedades filiais e a todos os operários] (setembro de 1867), en Marx, C., Engels, F., *La Internacional*. México: FCE, 1988.

se a experiência da construção de decisões comuns sobre sua vida em comum, inventando tecnologias sociais, ainda inexistentes que articulem a totalidade da sociedade nas decisões sobre essas questões comuns; e, o mais importante, que todas essas novas práticas sociais se desenvolvam não como fatos extraordinários, insurrecionais, mas como fatos rotineiros, como o são a decisão de se alimentar ou descansar.

Desse ponto de vista, a revolução se apresenta como a conquista de tempo para a sincronia universal da emancipação das classes plebeias e dos povos do mundo. A função do Estado "revolucionário" não é criar o socialismo e, muito menos, o comunismo. Isso simplesmente não pode ser feito. Isso escapa ao objeto fundante de sua existência como Estado. A única coisa que o Estado pode fazer, por mais revolucionário que seja, é dilatar, habilitar e proteger o tempo para que a sociedade, em estado de autodeterminação, em luta, no meio, por cima, por baixo e entre os interstícios do capitalismo predominante, desenvolva múltiplas formas de criatividade histórica emancipadora e construa espaços de comunidade na produção, no conhecimento, no intercâmbio na cultura, na vida cotidiana; para que fracasse e volte a tentar muitas vezes, de maneira mais ampla e melhor; para que invente, das fendas do capitalismo, espaços irradiadores de comunidade e de cooperação voluntária em todas as esferas da vida; para que os desmantele no meio do caminho; para que faça tudo isso cada vez mais, até que, chegado o momento, as sincronias de múltiplas comunidades brotando por todos os lados, em todos os países, ultrapassem o *umbral da ordem*, e o que eram espaços nascidos nas fendas da sociedade dominante, se tornem espaços plenos, universais, irradiadores de uma nova sociedade, de uma nova civilização que reproduza novas formas de comunidade, mas já não como uma luta para a morte do capitalismo, mas como o livre e normal desenvolvimento da iniciativa humana. Isso é o comunismo. O Estado não pode criar comunidade, porque é a antítese perfeita da comunidade. O Estado não pode inventar relações econômicas comunistas, porque elas só surgem como iniciativas sociais autônomas. O Estado não pode instituir a cooperação, porque ela só brota como livre ação social de produção dos comuns. O Estado por si mesmo é incapaz de restabelecer o metabolismo mutuamente vivificante entre o ser humano e natureza. Se alguém deve construir o comunismo, esse alguém é a própria sociedade em automovimento, a partir de sua experiência, seus fracassos e suas lutas. E terá que fazê-lo no ambiente adverso de predominância agressiva da sociedade capitalista. Diferentemente das revoluções burguesas precedentes, que contaram com condições muitíssimo mais favoráveis pois as relações econômicas burguesas floresceram dentro da velha sociedade tradicional durante vários séculos antes,[99] as revoluções sociais enfrentam uma estrutura capitalista universalizada; e as novas relações econômicas e políticas comunistas apenas se desenvolverão, a partir da explosão revolucionária, numa luta de morte com as relações capitalistas dominantes. De fato, a revolução social na verdade abre o espaço temporal para a implantação intersticial, fragmentada, dificultosa e permanentemente hostilizada do crescimento de novas relações comunistas na política, economia e cultura, em meio a um predomínio generalizado, debilitado e em crise, mas ainda dominante, das relações capitalistas de produção. Resumindo a experiência da revolução soviética neste debate, Lenin argumenta:

---

[99] Lenin, V. I., "Séptimo Congreso extraordinario del PC(b)R" (marzo de 1918), em *OC*, t. 28, p. 295.

Teoricamente, não há dúvida de que entre o capitalismo e o comunismo há um certo período de transição que deve combinar as características e as propriedades dessas duas formas de economia social. Este período de transição deve ser necessariamente um período de luta entre o capitalismo agonizante e o comunismo nascente, ou, em outras palavras, entre o capitalismo que foi derrotado, mas não destruído, e o comunismo que nasceu, mas ainda é frágil.[100]

Definitivamente, o socialismo é esse período histórico contraditório e de antagonismo desencadeado entre relações capitalistas dominantes em todas as esferas da vida e relações sociais comunistas emergentes, que a sociedade trabalhadora ensaia e tenta desenvolver cada vez mais, de maneira intersticial, fragmentada e intermitente, por diversos caminhos, em todos os terrenos da vida. Em tudo isso, o Estado revolucionário somente protege essas iniciativas antiestatais, comunitárias, cooperativas; apoiá-las e oferecer-lhes tempo por meio da melhoria das condições de vida das classes trabalhadoras, de maneira que possam se desenvolver e amplificar até um tempo e momento em que ultrapassem o *umbral de ordem* que sincronize com as múltiplas construções comunistas de outros países e outros continentes, em um movimento universal irreversível. O conceito central de "ditadura do proletariado"[101] deve ser entendido assim: como o uso coercitivo do poder de Estado das classes trabalhadoras frente as classes e os costumes burgueses para proteger, dar tempo e

---

[100] Lenin, V. I., "Economía y política en la época de la dictadura del proletariado" [Economia e política na época do proletariado] (30 de outubro de 1919), em *OC*, t. 32, p. 84.

[101] Marx e outros, "Reglamento de la sociedad universal de los comunistas revolucionarios", em Manuel Quiroga y Daniel Gaido, *Karl Marx sobre a dictadura del proletariado y la revolución en permanencia. Dos documentos del año 1850*; em Archivos de historia del movimiento obrero y la izquierda, Numero 1, 2012, Argentina. Também Marx, K., "Crítica do programa de Gotha", *in*: Antunes, R. (org.) *Dialética do trabalho I*. São Paulo: Expressão Popular, 2013; Balibar, E., *Sobre la dictadura del proletariado*. México: Siglo XXI Editores, 1979.

apoiar as iniciativas comunitárias, comunistas, que essas classes trabalhadoras são capazes de experimentar e de criar.

Em resumo, o socialismo é um longo período histórico de intenso antagonismo social, no qual, na esfera econômica, as relações capitalistas de produção e a lógica do valor de troca continuam vigentes, mas em seu interior, a partir de suas entranhas, no âmbito local, nacional, emergem cada vez mais incipientes, intersticiais e fragmentadas formas de trabalho comunitário, associado, que lutam para se expandir em escalas regionais e nacionais. Enquanto no âmbito político, as classes trabalhadoras tomam/constroem o poder de Estado, o que significa que impulsionam, em ondas sucessivas, múltiplas modalidades de democratização absoluta da gestão, da administração dos assuntos comuns; e tudo isso para apoiar, proteger e irradiar as experiências comunitárias/comunistas na economia que, reiteradamente, com fracassos e novos ressurgimentos, impulsionam as classes trabalhadoras. O socialismo, portanto, não é um modo de produção nem um destino. É um espaço histórico de intensas lutas de classes em que os trabalhadores usam o poder de Estado para proteger e amplificar as iniciativas econômicas comunistas/comunitárias que eles mesmos são capazes de construir por iniciativa livre e associada. A vitória do socialismo é a sua extinção para dar origem à sociedade comunista. E se isso acontece, deve inevitavelmente ser um fato global.

O que aconteceu depois com a revolução soviética? Por que fracassou? Em geral, toda revolução social que não se junte a outras revoluções sociais em escala mundial, cedo ou tarde, fracassa e inevitavelmente fracassará. Por si só, inexoravelmente, será levada ao fracasso em sua tentativa de construir o comunismo; embora certamente durante todo o desdobramento de seu desenvolvimento possam ser alcançados grandes e irreversíveis ganhos sociais, trabalhistas e materiais para a população trabalhadora não apenas do país insurgente, mas de todos os países do mundo, motivados pela presença – ameaçadora para as burguesias ou estimulante para as classes trabalhadoras – da revolução socialista em marcha. Na ausência de uma disseminação mundial, as revoluções sociais emergentes prolongam sua permanência dependendo da atitude frente aos fatores de conteúdo revolucionário.

Se o Estado for o protagonista das mudanças e das decisões sociais, o fracasso é mais iminente e rápido. Se a sociedade trabalhadora assume gradual e intermitentemente o protagonismo democrático na tomada de decisões cotidianas do país, o fracasso se afasta. Se o Estado toma coercitivamente o comando na construção de relações associativas na produção, o fracasso bate à porta. Se as classes trabalhadoras constroem e desconstroem para tornar a construir novas e crescentes formas expansivas de trabalho comunitário, associativo, o fracasso fica diluído por um bom tempo. Se o Estado não pode garantir melhorias nas condições de vida ou promover contínuas revoluções culturais que revitalizem as ondas revolucionárias, o fim da revolução se aproxima. Se o poder de Estado se mantém em mãos das classes trabalhadoras, de suas organizações vitais que ajudam a desbravar o caminho da livre iniciativa do povo trabalhador, as possibilidades da continuidade revolucionária se ampliam muito mais.

Completados seus dez primeiros anos, o curso da revolução soviética vai se inclinando justamente pelas dualidades negativas apontadas acima: concentração do poder do Estado em mãos do partido e expropriação gradual do poder das mãos das organizações sociais; estímulo burocrático de formas associativas de trabalho que anulam a capacidade criadora da própria sociedade na construção de novas relações econômicas. É assim que, infelizmente, em inícios da década de 1930, a Revolução de Outubro acaba dando lugar a uma complexa constituição imperialista, primeiro, e estatal-nacional, depois.[102] Que resta agora desta revolução? A experiência mais prolongada, na história contemporânea, de uma revolução social, de suas potencialidades organizativas, de suas iniciativas práticas, de suas conquistas sociais, de suas características internas e dinâmicas gerais que possam tornar a se repetir em qualquer outra nova onda revolucionária. Mas também fica, e nos deixa como herança, suas dificuldades na construção de alianças; seus desvios corporativos, burocráticos, privatistas; seus limites que finalmente a levaram à derrota. Fica, então, o fracasso da revolução, sua derrota.

Hoje lembramos a revolução soviética porque existiu, porque por um segundo na história despertou nos plebeus do mundo a esperança de que era possível construir outra sociedade, diferente da capitalista vigente, baseada na luta e na comunidade em marcha da sociedade trabalhadora. Mas também a recordamos porque fracassou de maneira estrepitosa, devorando as esperanças de toda uma geração de classes subalternas. E hoje dissecamos as condições desse fracasso porque justamente queremos que as próximas revoluções, que inevitavelmente irrompem e irromperão, não fracassem nem cometam os mesmos erros que ela cometeu; ou seja, que avancem um, dez ou mil passos mais que ela – com sua ingênua audácia – conseguiu avançar.

---

[102] Sobre a evolução da Rússia soviética, ver Chavance, B., *op. cit.*; Bettelheim, C. *As lutas de clases na URSS. 3º período, os dominantes 1930-41*. Mem Martins, Europa-América, s/d; Chamberlain, W. H., *The Russian Revolution*, 2 vols., New York: Macmillan, 1935; Sorlin, P., *La sociedad soviética 1917-1964*. Barcelona Vicens Vives: 1967. E, certamente, os 7 livros de E. H. Carr sobre a história da Revolução Russa.

Passados cem anos da revolução soviética, continuamos falando dela porque ansiamos por e necessitamos de novas revoluções; porque novas revoluções que dignifiquem o ser humano como um ser universal, comum, comunitário, virão. E essas revoluções vindouras que tocam a alma criativa dos trabalhadores não poderão nem deverão ser uma repetição do que aconteceu há um século; terão que ser melhores que ela, avançar muito mais que ela e superar os limites que ela engendrou, precisamente porque fracassou e, ao fazê-lo, deu às gerações seguintes as ferramentas intelectuais e práticas para não voltar a fracassar ou, pelo menos, para não fazê-lo pelas mesmas circunstâncias pelas quais ela fracassou.

REFERÊNCIAS BIBLIOGRÁFICAS

AARON, R. *Introducción a la filosofía política: Democracia y revolución.* España: Editorial Página Indómita, 2015.

ALI, T. *La idea de comunismo.* Madrid: Editorial Alianza, 2012.

AVRICH, P. *Kronstadt 1921.* Argentina: Colección Utopía Libertaria, 2005.

BADIOU, A. *The communist hypothesis.* New York: Verso, London-New York, 2010.

BALIBAR, É. *Sobre la dictadura del proletariado.* España: Siglo XXI Editores, 2015.

BATAILLE, G. *La parte maldita.* Barcelona: Editorial Icaria, 1987.

BEBEL, A. *La mujer y el socialismo.* Madrid: Editorial Akal, 1977.

BERKMAN, A. *La rebelión de Kronstadt.* Madrid: Editorial La Malatesta, 2011.

BETTELHEIM, C. *Les luttes de classes en URSS 3 période 1930-1941.* París: Éditions du Seuil-Maspero, 1983.

_____, *Las luchas de clases en la URSS. Segundo periodo, 1923-1930.* México: Siglo XXI Editores, 1980.

BOSTEELS, B. *The actuality of communism.* New York: Verso, London-New York, 2014.

BOURDIEU, P. *Meditaciones pascalianas.* España: Editorial Anagrama, 1999.

BUKHARIN, N. *The path to socialism en Russia.* New York: Omicron Books, 1967.

CARR, E. H. *La revolución rusa.* Madrid: Editorial Alianza, 2014.

_____. *¿Qué es la Historia?* Buenos Aires: Editorial Planeta, 1993.

_____. *La morte di Lenin l'interregno 1923-1924.* España: Editorial Alianza, 1987.

_____. *La revolución rusa: de Lenin a Stalin,* 1917-1929. Madrid: Editorial Alianza, 1981.

_____. *Historia de la Rusia soviética. La Revolución bolchevique (1917-1923).* Madrid: Editorial Alianza, 1978.

_____. *Historia de la Rusia Soviética.* 14 Tomos. Madrid: Editorial Alianza, 1977.

_____. *El socialismo en un solo país 1924-1926.* Tomo I. Historia de la Rusia soviética. Madrid: Editorial Alianza, 1974.

_____. *Dostoievski 1821-1881. Lectura crítico-biográfica*. Barcelona: Editorial ilustrada, 1972.

CHAMBERLAIN, W. H. *The Russian Revolution, 1917-1921*. New York: Editorial Macmillan, 1935.

CHAVANCE, B. *El sistema económico soviético*. Madrid: Editorial Talasa, 1987.

DEAN, J. *El horizonte comunista*. Barcelona: Bellaterra Ediciones, 2013.

DURKHEIM, É. *Las formas elementales de la vida religiosa*. Madrid: Editorial Akal, 1982.

EISENSTEIN, S., & GRIGORI A. *Oktyabr* [Filme cinematográfico]. Rusia: Productora Sovkino, 1928.

ENGELS, F. *Anti-Dühring*. México. Ediciones de Cultura Popular, 1980.

FIGES, O. *La Revolución rusa 1891-1924: La tragedia de un pueblo*. Barcelona: Editorial Edhasa, 2006.

GARCÍA LINERA, Á. *La nueva composición orgánica plebeya de la vida política en Bolivia*: discurso na Sessão Solene de Honra em comemoração dos 191 anos de independência da Bolívia. Sessão Solene organizada pela Assembleia Legislativa Plurinacional, Tarija. (6 de agosto de 2016).

_____. *Identidad boliviana. Nación, mestizaje y plurinacionalidad*. La Paz: Vicepresidencia del Estado, 2014.

_____. *Las tensiones creativas de la revolución. La quinta fase del Proceso de Cambio*. La Paz: Vicepresidencia del Estado, 2011.

GOFFMAN, E. *Encounters: Two Studies in the Sociology of Interaction*. Indianapolis: Company, Inc., 1961.

GRAMSCI, A. *Antología*. Argentina: Siglo XXI Editores, 2004.

_____. *Cuadernos de la Cárcel*. Distrito Federal de México: Ediciones ERA, 1984.

GRAMSCI, A. *Notas sobre Maquiavelo, sobre política y sobre el Estado Moderno*. Madrid: Ediciones Nueva Visión, 1980.

_____. *Democracia obrera y socialismo*. Revista trimestral Pasado y presente, Año IV, Argentina: Edigraf, 1973.

HABERMAS, J. *Facticidad y validez*. Madrid: Editorial Trotta, 2010.

HOBSBAWM, E. *Historia del siglo XX 1914-1991*. Barcelona: Editorial Crítica, 1994.

JONES, M. *Electoral Laws and the survival of presidential democracies*. Notre Dame: University of Notre Dame Press, 1995.

KAUTSKY, K. *La revolución social: El camino del poder*. Cuadernos de Pasado y Presente, N° 68. México: Editor Pasado y Presente, 1978.

KORSCH, K. *¿Qué es la socialización?* España: Editorial Ariel, 1975.

LAWRENCE K. *Apuntes etnológicos de Karl Marx*. España: Editorial Siglo XXI, 1988.

LENIN, V. I. *Obras Completas*, 50 tomos. México: Ediciones Salvador Allende, 1978.

LEWIN, M. *El siglo soviético. ¿Qué sucedió realmente en la Unión Soviética?* Barcelona: Editorial Crítica, 2006.

LINTON, R. *The Study of Man*. An introduction, Nueva York: Applèton-Century--Crofts, Inc., 1936.

LUXEMBURGO, R. *La revolución Rusa*. Berlín: Editorial Karl Dietz Berlin, 2007.

_____. *Reforma o Revolución*. Buenos Aires: Ediciones Pluma, 1976.

MARX, K. *El 18 Brumario de Luis Bonaparte*. Madrid: Fundación Federico Engels, 2003.

_____. "La guerra civil en Francia". Madrid: Fundación Federico Engels, 2003; La guerra civil en Francia, en K. Marx y F. Engels, *Obras escogidas*, vol. 1, Madrid: Akal, 2016, p. 491-571.

_____. *El capital*, Tres tomos em 8 vols., trad. e notas de Pedro Scaron *et al.*, México: Siglo XXI, 1987 [reed. en três únicos volúmes. Madrid: Siglo XXI, 2017; para uma prática edição de bolso, ver *El capital*, 8 vols., trad. e notas de Vicente Romano. Madrid: Akal, 2000]

_____. *Miseria de la filosofía. Respuesta a la filosofía de la miseria de Proudhon*. México: Siglo XXI Editores, 1987.

_____. *Grundrisse. Lineamientos fundamentales para la crítica de la economía política* 1857-1858. México: Editorial Fondo de Cultura Económica, 1985.

_____. *Las luchas de clases en Francia de 1848-1850*. Francia: Editorial Progreso, 1979.

MARX, K. & ENGELS, F. *Collected Works*. Londres: Lawrence & Wishart Ltd. Electric Book, Digital Edition, 2010.

_____. Friedrich, *Obras Fundamentales*. México: Editorial Fondo de Cultura Económica, 1988.

_____. *La Internacional*. México: Editorial Fondo de Cultura Económica, 1988.

_____. *Sobre la revolución de 1848-1849*. Moscú: Editorial Progreso, 1981.

_____. *El sindicalismo: teoría, organización y actividad*. Barcelona: Editorial Laia, 1976.

_____. *Escritos económicos varios*. México: Editorial Fondo de Cultura Económica, 1975.

_____. *Obras Escogidas*, Três tomos. Moscú: Editorial Progreso, 1974.

_____. *La ideología alemana*. México: Ediciones de Cultura Popular, 1974.

_____. *Manifiesto del Partido Comunista*. Moscú: Editorial Progreso, 1974.

NEGRI, T. *Goodbye Mr. Socialism: Las crisis de la izquierda y los nuevos movimientos revolucionarios*. España: Editorial Paidós Iberica, 2007.

PIPES, R. *La Revolución rusa*. España: Editorial Debate, 1992.

QUIROGA, M. & GAIDO, D. *Karl Marx sobre la dictadura del proletariado y la revolución en permanencia. Dos documentos del año 1850.* Archivos de historia del Movimiento Obrero y la izquierda, Numero 1. Argentina, 2012.

RANCIÈRE, J. *El tiempo de la igualdad. Diálogos sobre política y estética.* Barcelona: Editorial Herder, 2011.

SARTRE, J. P. *Crítica de la razón dialéctica* I. Buenos Aires: Editorial Losada, 2004.

SERGE, V. *El año I de la Revolución Rusa.* España: Editorial Siglo XXI, 1967.

SORLIN, P. *La sociedad soviética 1917-1964.* Barcelona: Editorial Vicens Vives, 1967.

TROTSKY, L. *Historia de la revolución rusa*, Recuperado de < http://www.marxists-fr.org/espanol/trotsky/1932/histrev/ tomo1/index.htm>, 1932.

WERTH, N. *¿Qué sais-je? Histoire de lʼUnionsoviétique de Lénine à Staline (1917-1953),* Paris: Presses Universitaires de France, 2013.